Mein Lesebuch 3

Für Bayern
bearbeitet von
Josefine Mayer
und
Anita Steinhäuser

Illustrationen von
Barbara Schumann
Antje Kahl
Gisela Röder

Ernst Klett Grundschulverlag
Leipzig   Stuttgart   Düsseldorf

BÜCHERWURM
Mein Lesebuch 3

Erarbeitet von Isolde Stangner, Anne Braun,
Ulrike Herbst, Heide Krahnepuhl, Heike Manthey

Für Bayern bearbeitet von Josefine Mayer
und Anita Steinhäuser

Illustrationen von Barbara Schumann, Gisela Röder,
Antje Kahl

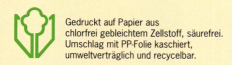
Gedruckt auf Papier aus chlorfrei gebleichtem Zellstoff, säurefrei. Umschlag mit PP-Folie kaschiert, umweltverträglich und recycelbar.

1. Auflage   1 5 4 3 2   / 2006 2005 2004 2003 2002

Alle Drucke dieser Auflage können im Unterricht nebeneinander benutzt werden, sie sind untereinander unverändert. Die letzte Zahl bezeichnet das Jahr dieses Druckes.
© Ernst Klett Grundschulverlag GmbH, Leipzig 2002.
Internetadresse: http://www.klett-verlag.de
Alle Rechte vorbehalten.

Dieses Werk folgt der reformierten Rechtschreibung und Zeichensetzung.

Umschlag: Torsten Lemme unter Verwendung
einer Illustration von Barbara Schumann
Layout und grafische Gestaltung: Dagmar & Torsten Lemme
Repro: City-Repro Berlin
Druck: APPL, Wemding
ISBN 3-12-220204-2

Inhalt

Die Schule macht die Türen auf

Kleiner Unsinn *	Gottfried Herold	9
Verschlafen *	Reinhard Gundelach	10
Sofie hat einen Vogel	Peter Härtling	10
Alfabet	Bertolt Brecht	11
Das Elefanten-ABC-Geschichten-Buch		12
Zeitunglesen – etwas verrückt		14
He, du kleiner Bücherwurm	Bernhard Lins	14
Sassafras *	Josef Guggenmos	15
Eletelefon *	Laura Richards	15
Ein Gedicht *	Werner Färber	16
Mein Computer ist ein guter	Peter Heitmann	17
Der verdrehte Schmetterling *	Mira Lobe	17
Reklame *	Max Kruse	18
Wunder über Wunder	Roswitha Fröhlich	19
Bücher *	Hartmut Kulick	20
Lesendes Mädchen ***	Auguste Renoir	20
Das Bild	Hans Stempel + Martin Ripkens	21
Der Autor Otfried Preußler beantwortet Fragen der Kinder	Otfried Preußler	22
Lieber Herr Preußler		23
Liebe Kinder in Mehring		23
Anja hat Kummer	Angelika Mechtel	24
Der Talisman	Max Bolliger	26

Du und ich und wir

So ein Tag *	Josef Guggenmos	27
Sich mögen *	Hans Manz	28
Tomas	Christine Nöstlinger	29
Der Kleine Prinz	Antoine de Saint-Exupéry	30
Dunya will dazugehören	Angelika Mechtel	32
Freunde	Gina Ruck-Pauquèt	34
Kalle, Heiner, Peter **	Gerhard Schöne	35
Lisa	Karin Gündisch	36

Der Geigenspieler ***	Marc Chagall	37
Bist du manchmal auch verstimmt *	Joseph von Eichendorff	37
Die Geschichte vom grünen Fahrrad	Ursula Wölfel	38
Seltsamer Spazierritt	Johann Peter Hebel	39
Leute *	Günter Kunert	40
Der Löwe und die Maus	Äsop	41
Märchen vom winzig kleinen Mann	Frederik Hetman	42
Der Nachtvogel	Ursula Wölfel	44
Hörspiel-Macher		46
Werbespot-Lied	Paul Maar	48

Familiengeschichten

Was froh machen kann *	Regina Schwarz	49
Kinder *	Hans Manz	50
Oma kommt!	Anne Steinwart	51
Geschichte zum Nachdenken	Margret Rettich	52
Franz von Lenbach mit Frau und Töchtern ***	Franz von Lenbach	53
Das ist ein Theater *	Rolf Krenzer	53
Mama, ich hol Papa ab	Achim Bröger	54
Vom Klopfen *	Alfred Könner	55
Fernsehgeschichten vom Franz	Christine Nöstlinger	56
Hellseher auf dem Fahrrad	Martin Steinmann	58
Ohne Auto?	Dorothea Tust	59
Die Belohnung	Holger Jung	60
Familie Habakuk	Ulrich Karger	62
Küssen verboten	Frauke Nahrgang	64
Kim hat Sorgen	Martin Auer	66
Aufgeregt im Kinderzimmer *	Philipp Günther	67
ordnung-unordnung *	Timm Ulrichs	67
Bilder mit Wörtern bauen		68

Gesund bleiben – sich wohl fühlen

Zärtlichkeiten *	Nasrin Siege	69
Kranksein ist schön	Elke Bräunling	70
Das Bauchweh	Nasrin Siege	72
Tempo – Tempo, dalli – hopp! *	nach Gabriele Seidenschwand-Weilbach	73
Freunde	Hans Stempel + Martin Ripkens	74
Langes Weilchen **	Dorothée Kreusch-Jacob	75
fünfter sein *	ernst jandl	76
Der Hundebiss	Holger Jung	77
Verflixt! *	Anne Steinwart	79
Kann Musik gefährlich sein?		80
Nicht hören können	Lydia van Andel	81
So im Schatten liegen möcht ich *	Erwin Moser	82
In Dunkelheit unterwegs		83
Ich bin so gemein gewesen	Irina Korschunow	84
Ich schiele	Christine Nöstlinger	85
Ich freu mich an der Sonne		86

Bei uns und anderswo

Dein Auge kann die Welt *	Friedrich Rückert	87
Der Mittelpunkt Bayerns		88
Meine Stadt	Sophie Brandes	90
Es war einmal ein Haus	Silke Gelbke, 11 Jahre	91
Wie sich ein Dorf verändern kann	Isolde Stangner nach einer Idee von Susi Weigel	92
Das Louerbürschl im Lochhamer Wald		94
Das Ochsenkopfmännlein im Fichtelgebirge	Alfons Schweiggert	95
Werkstatt: Märchen und Sagen		96
Wo treffen wir uns? *	Anne Steinwart	97
Reisen *	Robert Louis Stevenson/James Krüss	98
Weltreise durchs Zimmer *	Erich Kästner	99
Blinde Kuh auf chinesisch	Matthias Mala	100
Bretonische Mädchen beim Tanz ***	Paul Gauguin	101
Nasentanz	Dorothée Kreusch-Jacob	101

Steffi und Aischa	Paul Maar/Verena Ballhaus	102
Tante Dabbelju fährt in den Zoo	Hanna Hanisch	106
Fiftifeif und Twentifor	Josef Guggenmos	108

Die Zeit vergeht

Gib mir Zeit *	Peter Schiestl	109
Liebe Tante Alice!		110
Adam und Eva ***	Albrecht Dürer	111
Adam und Eva	Ann Pilling	111
Uroma erzählt von ihrer Schulzeit	Ilse Bintig	112
Der Tempelschreiber	Gerda Rottschalk	114
Die Entstehung der Grimm'schen Märchen		116
Dorothea Viehmann erzählt den Brüdern Grimm ***		116
Dornröschen	Gebrüder Grimm	117
Nachrichten aus den Königshäusern *	Hans Manz	121
Besuch bei der Königin	David Henry Wilson	122
Der Märchenlandreporter		124
Wie es mit Rotkäppchen weiterging	Stefan Heym	126

Die Erde ist unser Haus

Erde *	Wolf Harranth	127
Die zwei Wurzeln *	Christian Morgenstern	128
Im Wald der verhexten Tiere *	Günther Feustel	128
Die Eiche		129
Die Eiche und das Schwein	Gotthold Ephraim Lessing	130
Zwei Eichhörnchen ***	Albrecht Dürer	131
Die Gäste der Buche *	Rudolf Baumbach	131
Das wandernde Bäumlein	Peter Härtling	132
Der Wald spricht *	Verfasser unbekannt	134
Das Blatt	Rudolf Kirsten	134
Der Kuckuck	Christian Fürchtegott Gellert	135
Der Hamster und die Ameise	Gotthold Ephraim Lessing	135

Ein Vogel wollte Hochzeit machen **	mündlich überliefert	136
Der kleine König der großen Tiere	Tom Breitenfeldt	137
Moos *	Siegfried von Vegesack	138
Der Schachtelhalm *	Heinz Kahlau	139
Das Springkraut *	Heinz Kahlau	139
Der rote Fingerhut *	Heinz Kahlau	139
Der Waldmeister *	Heinz Kahlau	139
Schwarzmaske	Wolfgang Zeiske	140
Werkstatt: Jägerlatein/Steckbriefe		142
Blätterwelt	Christa Zeuch	144

Traumhaftes und Zauberhaftes

Kleine Wolke **	Monika Ehrhardt/Reinhard Lakomy	145
Da lieg ich im Bett *	Josef Guggenmos	146
Moritz träumt in der Litfaßsäule	Christa Kožik	147
Reise zum Stern Klawenta	Hannes Hüttner	150
Der kleine Wassermann	Otfried Preußler	152
Der Traum ***	Henri Rousseau	154
Traumwald *	Christian Morgenstern	154
Der Mond im Zirkuszelt	Heinrich Hannover	155
Till bäckt Eulen und Meerkatzen	neu erzählt von Heinz Janisch	158
Verkehrte Welt *		160
Dunkel war 's		160
Katzenhühnermäusehundekühequatsch	Christiane Grosz	161
Eine sonderbare Geschichte	Marcel, 10 Jahre	162

Blätter an meinem Kalender

Zwölf Monate hat das Jahr *	Hannes Hüttner	163
Neujahrswünsche *	Gianni Rodari	164
Wir feiern Fasching	Irina Korschunow	165
Jeds Jahr *	Helmut Zöpfl	166
März *	Theodor Storm	166
Veilchen *	Bertolt Brecht	166

Mai *	Eva Strittmatter	166
Das Oster-Abc *	James Krüss	167
Mariä Himmelfahrt	Hermine König (stark bearbeitet)	168
August	Elisabeth Borchers	169
Einkehr *	Ludwig Uhland	170
Apfelkonfekt		171
Das Herbstlaub	Gina Ruck-Pauquèt	172
Ein großer Teich war zugefroren *	Johann Wolfgang von Goethe	174
Winterabend am Dorfteich	Werner Lindemann	174
Nikolaussprüche	Des Knaben Wunderhorn	175
Lauter Wünsche	Achim Bröger	176
Auf oamal braust's *	Ludwig Thoma	177
Da kommen drei Könige	Rolf Krenzer	178
Feste feiern *	Rudolf Neumann	180
Jahreszeitenrätsel	Karin Heinrich	182

Das kleine Leselexikon   183
Hast du es gewusst? Rätselauflösungen   188
Verfasser- und Quellenverzeichnis   189

*   Gedichte
**   Lieder
*** Reproduktionen

Der Suhrkamp Verlag erteilte keine Genehmigung, die Texte von Bertolt Brecht rechtschreibreformiert abzudrucken.

Die Schule macht die Türen auf

Kleiner Unsinn

Wernichtrichtiglesenkann
fangnochmalvonvornean
dennichschreibehierdieworte
andersalsmaneuchgelehrt
zwarnichtunbedingtverkehrt
sonderneinfachaneinander
dassmansienichtgleicherkennt
auchwennihrdasunsinnnennt
docheinkleinerunsinnmacht
dassmangerndarüberlacht.

Gottfried Herold

Verschlafen

Fünf nach achte,
ich erwachte.

Zehn nach achte,
Klasse lachte.

Grund dessen,
hatt' vergessen
Schlafanzug mir auszuziehen.

Reinhard Gundelach

Sofie hat einen Vogel

Sofie streckt den Finger und sagt: „Frau Heinrich,
ich hab einen Vogel!" Die ganze Klasse lacht.
„Wirklich?", fragt Frau Heinrich.
„Wirklich!", ruft Sofie zurück.
5 Die Klasse lacht noch lauter.
Sofie denkt wütend: Ich muss das anders sagen.
Und sie sagt: „Mein Vater hat mir einen Vogel
geschenkt." Jetzt lachen nur noch ein paar.
Das sind die, die über jeden Quatsch lachen.
10 „Was ist es denn für einer?", fragt Frau Heinrich.
„Ein Muskatfink. Er ist klein, hat lauter Punkte
auf der Brust und wohnt sonst in Australien."
„Prima", sagt Frau Heinrich. „Aber du siehst,
es ist gar nicht einfach, über Vögel zu reden.
15 Vor allem, wenn man einen hat."
Endlich kann die Sofie mitlachen.
Nun wissen alle, dass sie einen Vogel hat.
Aber einen richtigen!

Peter Härtling

Alfabet

Eventuell bekommst du Eis
Heißt, daß man es noch nicht weiß.
Eventuell ist überall
Besser als auf keinen Fall.

Pfingsten
Sind die Geschenke am geringsten.
Während Geburtstag, Ostern und Weihnachten
Etwas einbrachten.

Quallen im Sund
Sind kein schöner Fund.
Die roten beißen.
Aber man soll keinen Stein drauf schmeißen.
(Weil sie sonst reißen.)

Steff sitzt lang auf dem Abort
Denn er nimmt ein Buch nach dort.
Ist das Buch dann dick
Kommt er erst am nächsten Tag zurück.

Uhren wirft man nicht in den See.
Es tut ihnen zwar nicht weh
Sie können nur nicht schwimmen
Und werden danach nicht mehr stimmen.

Bertolt Brecht

Werkstatt

Das Elefanten-ABC-Geschichten-Buch

Paul, Nino und Tanja haben sich Geschichten ausgedacht, Elefanten-ABC-Geschichten.

Paul: Es war einmal ein Elefant.
Der hatte nur zwei Beine.
Eines Tages traf er das A
und bekam zwei Beine dazu.

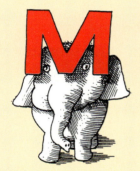   

Nino: Der Elefant im Zoo ist immer umgefallen.
Deswegen hat er sich ein E geholt.
Jetzt ist er wieder gerade.
Selbst der Zoodirektor fand den Elefanten gerade.

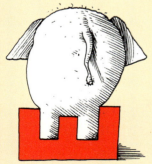   

Werkstatt

Tanja: Es war einmal ein Elefant.
Immer, wenn er eine Treppe hoch wollte,
zerbrachen die ersten drei Stufen.
Er war schon ganz traurig.
Da begegnete ihm ein F.
Das F fragte: „Kann ich dir helfen?"
„Vielleicht", sagte der Elefant.
„Kannst du dich als Treppe hinlegen?"
„Natürlich kann ich das", sagte das F
und legte sich als Treppe hin.
Nun konnte der Elefant treppauf und treppab
steigen für alle Zeiten.

Nino hat eine tolle Idee. „Wir schreiben ein richtiges dickes Elefanten-ABC-Geschichten-Buch mit dem Computer." Alle sind begeistert.
„Aber mir fallen keine neuen Geschichten mehr ein", sagt Tanja.
„Wir fragen die anderen. Vielleicht machen alle Kinder mit."

Zeitunglesen – etwas verrückt

LIEBE Carolin,
und wieder gibt es eine verrückte Zeitung
Die Kinder von Bullerbü fallen
auf dem Gipfel des Berges.

He, du kleiner Bücherwurm,
gibt es Regen, gibt es Sturm,
ja, sogar bei Sonnenschein,
kriechst du in dein Buch hinein –
doch auch ich find so was fein.

Bernhard Lins

Der FRO-HU   und der   PAPA-FANT

sind dir   nicht länger   unbekannt!

Sassafras

Als ich heut die Zeitung las,
las ich was von Sassafras.
Dachte ich mir: Was ist das?

Schlug ich nach im Lexikon
unter S, da hatt ich's schon.
Sassafras, so hieß es da,
ist ein Baum in USA.
Donnerwetter, so ist das.
Sassafras, Sassafras!

Ha, jetzt weiß ich wieder was.
So allmählich mit der Zeit,
wird der Mensch gescheit.

Josef Guggenmos

Eletelefon

Es war einmal ein Elefant,
Der griff zu einem Telefant –
O halt, nein, nein! Ein Elefon,
Der griff zu einem Telefon –
(Verflixt! Ich bin mir nicht ganz klar,
Ob's diesmal so ganz richtig war.)

Wie immer auch, mit seinem Rüssel
Verfing er sich im Telefüssel;
Indes er sucht sich zu befrein,
Schrillt lauter noch das Telefein –
(Ich mach jetzt Schluss mit diesem Song
Von Elefuß und Telefong!)

*Laura Richards
übersetzt von Hans Baumann*

Ein Gedicht

Ich nehm den Bleistift, spitz ihn an,
setz ihn aufs Blatt und schreibe dann:
Gedicht
mehr nicht.

Ein Gedocht

Ich verfasste ein Gedocht.
Alle haben's sehr gemocht.
Keinen stört der Fehler sehr.
Jeder weiß: Dichten ist schwer.

Ein Gedacht

Einmal habe ich gedacht,
ich hätte ein Gedicht gemacht.
In diesem Fall gelang es nicht,
ich hab nur ein Gedacht gemicht.

Ein Gedecht

Reimen kann ich auch nicht schlecht,
also schreib ich ein Gedecht.
Sicher wirkt der Reim erzwungen,
aber dafür ist's gelungen.

Ein Geducht

Ein Gedicht hab ich versucht,
doch wie ihr seht, gelang es nucht.
Statt eines „I" tippt ich ein „U",
so sag ich halt Geducht dazu.

Werner Färber

Mein Computer ist ein guter

Ein Computer hilft, ohne Fehler zu schreiben. Das haben meine Eltern gesagt. Einmal wollte ich über Versteckspielen schreiben. Wenn sich die anderen Kinder verstecken, darf man nämlich nicht hingucken. Ich wollte wissen, wie „gucken" geschrieben wird. Der Computer hat mir für „gucken" aber „Gurken" gezeigt, weil er „gucken" noch nicht kannte. Das haben meine Eltern gesagt.
Da hat es dann geheißen:

Man darf nicht zu den anderen Gurken.

Aber was das für Gurken sind, das hat er nicht angezeigt. Außerdem haben Gurken überhaupt keine Augen, und Verstecken spielen sie wohl auch nicht. Computer können ja schließlich nicht alles wissen. Das habe ich mir gedacht. Und manchmal, da haben sie noch ganz andere Mucken!

Peter Heitmann

Der verdrehte Schmetterling

Ein Metterschling
mit flauen Blügeln
log durch die Fluft.

Er war einem Computer entnommen,
dem war was durcheinander gekommen,
irgendein Drähtchen,
irgendein Rädchen.
Und als man es merkte,
da war's schon zu spätchen,
da war der Metterschling
schon feit wort,
wanz geit.

Mir tut er leid.

Mira Lobe

Reklame

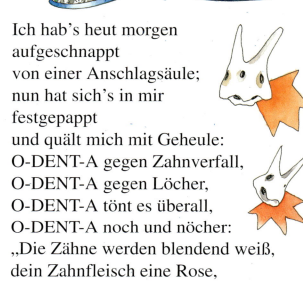

Es wirrt in mir
ein Wirbeltier,
O-DENT-A ist sein Name,
es macht dies irre
Schwirretier
für Zahnpasta Reklame.

Ich hab's heut morgen
aufgeschnappt
von einer Anschlagsäule;
nun hat sich's in mir
festgepappt
und quält mich mit Geheule:
O-DENT-A gegen Zahnverfall,
O-DENT-A gegen Löcher,
O-DENT-A tönt es überall,
O-DENT-A noch und nöcher:
„Die Zähne werden blendend weiß,
dein Zahnfleisch eine Rose,
und duften wirst du aus dem Mund
wie eine Aprikose!"

Ich sause gleich zur Drogerie,
um mir das Zeug zu holen,
und putze mir von spät bis früh
die Zähne wie befohlen.
Doch heute höre ich entsetzt
im Fernsehn: „Zur Hygiene
benutze CARADENTAL jetzt
und rette deine Zähne!"

Was nehme ich nun, ich armer Mann?
Jetzt habe ich die beiden ...
Ich schaue stumm die Tuben an
und kann mich nicht entscheiden!

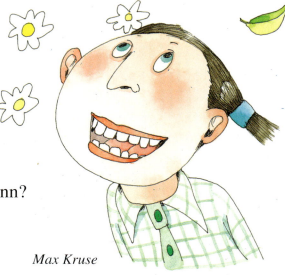

Max Kruse

Wunder über Wunder

Wunder über Wunder, sagte der Werbetexter und zauberte schnell noch einige Wunder hinzu. Wunderwohliges Wannenglück nannte er die neue Badeseife, wundergleiche Wangenweiche,
5 nannte er den neuen Rasierschaum und ein Wunder an Klarsicht versprach er bei der Verwendung des Fensterputzmittels. Dann aber geschah etwas Peinliches. Der Werbetexter begann sich nämlich plötzlich zu wundern.
10 Warum, fragte er sich, fällt mir kein besseres Wort für WUNDER ein? Sollte ich's nicht einmal mit einer Steigerung versuchen? Er erhob sich aus seinem wunderwuchtigen Waschcordsessel, schritt nachdenklich über den wunderwuschligen
15 Wigwamteppich und grübelte angestrengt nach. Aber bis heute ist ihm noch kein besseres Wort eingefallen.

Roswitha Fröhlich

Bücher

Bücher
können
reden,
lachen,
weinen,
träumen,
reisen.

Irgendwann
braucht jedermann
ein Buch,
mit dem er
reden,
lachen,
weinen,
träumen,
reisen
kann.

Hartmut Kulick

Auguste Renoir
Lesendes Mädchen
1886

Das Bild

Es war einmal ein Junge, der hatte sehr geschickte Hände, spielte vorzüglich Gitarre und bastelte aus Holz die schönsten Schiffe. Doch wenn's in der Schule darum ging, einen Aufsatz zu schreiben, dann saß der Junge da,
5 starrte Löcher in die Luft, popelte in der Nase oder malte mit dem Federhalter schwarze Tintensterne ins herausfordernd weiße Papier. Immer wieder nahm er einen mutigen Anlauf, kam jedoch nie über den ersten Satz hinaus. Er hatte Angst vor Wörtern, wie andere Angst vor Zahlen haben, und obwohl
10 sein Kopf voller Geschichten steckte, brachte er sie nicht aufs Papier. Nicht einmal, als der Lehrer die Geschichte vom schönsten Ferientag schreiben ließ.
Es war ein Tag am Meer gewesen, ein Tag mit einem leichten warmen Wind. Er war mit den Fischern hinausgefahren
15 und durch einen Eimer ohne Boden hatte er bis auf den Grund des Wassers geschaut. Am Abend, als sich der Himmel rot färbte, saß er mit seinen Eltern auf der Piazza und aß Berge von Eis. Er brauchte nur die Augen zu schließen und schon sah er all das deutlich vor sich. Doch wenn er
20 die Augen wieder öffnete, lag vor ihm nichts weiter als das leere weiße Papier.
Da nahm der Junge einfach seine bunten Stifte und begann zu malen, was er gesehen hatte. Er malte die Sonne und den Strand und die Boote und das Meer und den südlichen
25 Abend mit Dämmerung und Licht. Je länger er malte, desto fröhlicher wurde er, und als er endlich aufsah von seinem Blatt, war die Schule schon aus, waren nur noch er und der Lehrer im Zimmer. Für einen Augenblick erschrak der Junge, dann aber hielt er sein Bild mit beiden
30 Händen hoch über seinen Kopf und sagte: Hier ist meine Geschichte!

Hans Stempel + Martin Ripkens

Der Autor Otfried Preußler beantwortet Fragen der Kinder

Woher haben Sie die Ideen zu Ihren Geschichten?
Die Ideen kommen mir aus meinem Familienleben und aus meinem Umgang mit Schulkindern.
Bei fast allen Geschichten sind mir die Gestalten aus meiner eigenen Kinderzeit wohlbekannt, Wassermänner, Hexen, Räuber und Gespenster. Der beste Freund meiner Kinderjahre ist der Kasperl gewesen.
Auf dem Dachboden meines Elternhauses hatten wir, mein Bruder und ich, seine Bühne aufgeschlagen. Dort oben verbrachten wir manchen verregneten Nachmittag zusammen mit den Nachbarskindern und spielten uns gegenseitig Kasperltheater vor.

Wie lange brauchen Sie für ein Buch?
Das kommt ganz auf das Buch an. Den „Räuber Hotzenplotz" hatte ich ungefähr in drei Monaten fertig, an anderen Büchern arbeite ich schon fast zehn Jahre.

Schreiben Sie alles mit der Hand?
Früher habe ich alle Texte mit der Hand geschrieben.
Jetzt spreche ich sie auf ein kleines Diktiergerät und tippe sie hinterher auf der Schreibmaschine ab. Wenn sie dann zu Papier gebracht sind, gebe ich ihnen noch den letzten Schliff.

Malen Sie Ihre Bilder selbst?
Ich habe schon mit zwölf Jahren angefangen, Gedichte und kleine Geschichten zu schreiben. Damals habe ich diese Texte auch selbst illustriert.

Otfried Preußler „Die Abenteuer des starken Wanja"

Wovon wird Ihr nächstes Buch handeln?
Das verrate ich noch nicht! Ich bin nämlich ein bisschen abergläubisch und halte mich an den Spruch: Über ungelegte Eier soll man nicht gackern.

Mehring, 23.1.02

Lieber Herr Preußler,

wir, die Klasse 3 b aus Mehring, haben gerade den Wanja aus Ihrem Buch „Die Abenteuer des starken Wanja" kennen gelernt. Dieser faule Junge, der jeden Tag genießt und viele tolle Sachen erlebt, gefällt uns sehr. Woher haben Sie bloß die Ideen zu solchen Geschichten? Wie lange brauchen Sie für ein ganzes Buch? Schreiben Sie das alles mit der Hand? Helfen Ihnen auch andere Leute bei der Arbeit oder malen Sie sogar die Bilder selbst? Von wem wird Ihr nächstes Buch handeln? Das alles interessiert uns sehr und wir sind schon gespannt auf Ihre Antworten. Vielleicht haben Sie mal Lust uns zu besuchen?

Viele Grüße
Ihre 3 b

An die Mädchen und Buben
der Klasse 3 b
VS Emmerting-Mehring

84561 Mehring

1. Februar 2002

Liebe Kinder in Mehring,

schönen Dank für euren lieben Brief - ich habe mich RIESIG darüber gefreut. Wie fein, daß euch mein Buch "Die Abenteuer des starken Wanja" so gut gefallen hat!
Als Schriftsteller freut man sich jedesmal, wenn man erfährt, daß man nicht ins Leere schreibt. Natürlich möchte ich gern noch recht viele Geschichten zu Papier bringen. Wenn ihr mal ein bißchen Zeit für mich übrig habt, könnt ihr mir ja den Daumen drücken, damit es klappt...
Herzlichen Dank auch für die Einladung nach Mehring. Ich käme gern - aber leider bin ich dazu aus gesundheitlichen Gründen nicht in der Lage. Ich hoffe, ihr habt dafür Verständnis.

Alle guten Wünsche für euch - und viele herzliche Grüße vom Rübezahlweg in Haidholzen, auch an die Lehrerinnen und Lehrer eurer Schule:

Euer

Otfried Preußler

Prof. Otfried Preußler
Am Rübezahlweg in Haidholzen
D 83066 Stephanskirchen

Anja hat Kummer

Seit gestern ist Anja sehr traurig. Deshalb kann sie auch nicht mehr lachen. Ja, sie lächelt nicht einmal, obwohl Daniel Blödsinn macht. Jedesmal, wenn Frau Winter nicht zu ihm hinsieht, zieht Daniel Grimassen.
5 Alle im Klassenzimmer kichern, nur Anja nicht.
Nach dem dritten Versuch gibt Daniel auf.
Laut und vernehmlich sagt er mitten im Unterricht: „Anja ist krank!"
Diesmal kichert niemand. Diesmal drehen sich alle
10 zu Anja herum und starren sie an.
Frau Winter, die Klassenlehrerin, macht ein verwundertes Gesicht. „Warum soll Anja denn krank sein?"
Darauf muss Daniel gar nicht mehr antworten.
Frau Winter kann nun selbst sehen, dass irgend-
15 etwas mit Anja nicht stimmt. Anja weint. Zuerst laufen ihr nur Tränen übers Gesicht, dann schluchzt sie und heult richtig los.
„Aber, Anja! Was ist denn los mit dir?", erkundigt sich Frau Winter besorgt. Daniel tut das einzig Richtige:
20 Er bringt Anja ein Päckchen Papiertaschentücher.
Anja schnieft, schnäuzt sich die Nase und wischt die Tränen vom Gesicht. Sie braucht mindestens fünf Taschentücher, bis sie endlich mit dem Weinen aufhören kann.

25 Dann erfährt die Klasse, dass Anja mit ihren Eltern in eine fremde Stadt ziehen muss. Ihr Vater hat dort Arbeit gefunden. Anja weiß es seit gestern Abend. „Es ist ganz weit weg!", erzählt sie und fängt schon wieder an die Tränen hinunterzuschlucken. „Ganz
30 weit! Mit dem Intercity müssen wir fünf Stunden fahren! Und ich kenne doch niemanden dort! Ich muss dann in eine fremde Schule und Klasse gehen und habe überhaupt keine Freunde mehr!"
„Aber du hast doch uns!", schreit Daniel. Dann fällt
35 ihm ein, dass Anja ganz allein wegzieht und niemanden aus der Klasse mitnehmen kann. Das ist wirklich ein schwieriges Problem.
Frau Winter tröstet Anja. „So schlimm wird es bestimmt nicht. Du findest in der neuen Klasse
40 sicherlich ganz schnell auch neue Freunde!"
Anja glaubt ihr nicht. Sie schnieft und putzt sich zum sechsten Mal die Nase.
Da hat Paule einen guten Einfall. „Weißt du was", sagt er, „du sagst uns deine neue Adresse und dann
45 schreiben wir dir! So lange, bis du neue Freunde gefunden hast! Oder auch länger. So lange du willst! Dann bist du überhaupt nicht allein!"
„Keine schlechte Idee", meint Frau Winter.
Daniel zieht eine Grimasse, und Anja kichert.

Angelika Mechtel

Der Talisman

„Ich schenk dir etwas", sagt Lisa.
Es ist eine runde, stachelige Kugel.
Lisa legt sie in Alis braune Hand. „Brich sie auf."
Aber Ali versteht nicht, was Lisa meint.
5 Ali kommt aus Marokko und geht erst seit fünf
Wochen in Deutschland zur Schule.
„Ich mach es für dich", sagt Lisa.
Aus der grünen Hülle kommt eine glänzende
Kastanie zum Vorschein.
10 „Sie wird dir Glück bringen. Das ist ein Talisman."
Ali horcht auf. „Talisman", sagt er.
„Ja, ein Talisman", wiederholt Lisa.
„Talisman, arabisches Wort", sagt Ali und steckt
die Kastanie in seine Hosentasche.

15 Am nächsten Tag bringen die Kinder ihre Stofftiere
zur Schule mit, Bären, Tiger, Elefanten.
Nur Ali hat nichts.
„Mein Bär beschützt mich", schreibt eines
der Kinder an die Tafel.

20 „Mein Tiger schläft zu meinen Füßen", ruft ein Junge.
„Mein Elefant kann zaubern", sagt ein Mädchen.
Plötzlich holt Ali eine runde, glänzende Kastanie
aus seiner Tasche hervor.
„Sie bringt mir Glück", sagt er. „Das ist mein Talisman."
25 „Wo hast du plötzlich so gut Deutsch gelernt?",
wundert sich die Lehrerin.
Ali schaut Lisa an. Sie lacht ihm zu.
„Talisman", sagt er und lässt die Kastanie schnell
wieder in seiner Hosentasche verschwinden.

Max Bolliger

Du und ich und wir

So ein Tag

Heut träume ich mir –
ich träum, was ich mag.
Heut träume ich mir einen schönen Tag.
Schau auf, sieh,
welch ein Gewimmel!
Briefe flattern vom Himmel:
Briefe für mich, dich, alle Leut.
In jedem steht was,
was den, der's liest, freut.
So ein Tag, so ein Tag, so ein Tag ist heut.

Josef Guggenmos

Sich mögen

Mädchen:
„Ich mag dich."
„Ich mag dich sehr."
„Ich mag dich sehr gut."
„Ich mag dich sehr gut riechen."

Junge:
„Ich mag dich auch."
„Ich mag dich auch sehr."
„Ich mag dich auch sehr gut."
„Ich mag dich auch sehr gut leiden."

Mädchen:
„Nein, ich mag dich doch nicht."
„Ich mag dich doch nicht sehr."
„Ich mag dich doch nicht sehr gern."
„Ich mag dich doch nicht sehr gern vermissen."

Junge:
„Ich mag dich gar nicht."
„Ich mag dich gar nicht sehr."
„Ich mag dich gar nicht sehr gern."
„Ich mag dich gar nicht sehr gern entbehren."

Hans Manz

Tomas

Fünf Jahre lang war die Bille die Freundin von Tomas. Und da der Tomas zehn Jahre alt ist, war das sein halbes Leben lang. Dann zog der Konrad ins Nachbarhaus der Bille. Der war auch zehn Jahre alt, und die Bille verliebte sich in ihn auf den ersten Blick! „Tut mir leid", sagte sie zu Tomas. „Aber unsere Liebe ist jetzt
5 aus!" Der Tomas war sehr traurig. Und die Traurigkeit hörte nicht auf. Und er nahm sich keine neue Freundin, obwohl er leicht zehn hätte haben können.
„Wie können wir dir denn bloß helfen?", fragten der Papa und die Mama.
„Wie können wir dir denn bloß helfen?", fragten auch die große Schwester und der kleine Bruder.
10 Aber der Tomas wusste keine Antwort darauf.

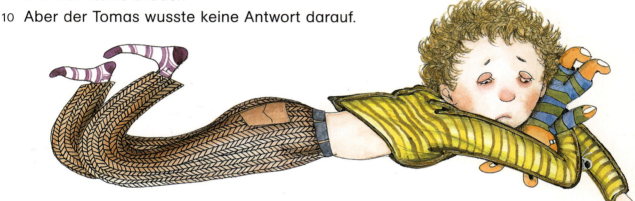

Dann, eines Tages, nach vielen Wochen, rief die Bille an. Und sagte zum Tomas: „Die Liebe mit dem Konrad ist aus. Willst du wieder mein Freund sein?"
„Ich komme!", rief der Tomas und legte den Hörer wieder auf.
„Mit der Kuh würd ich kein Wort mehr reden!", sagte der kleine Bruder.
15 „Bist ja nicht ihr Hanswurst", sagte die große Schwester.
„Wo sie dir so viel Kummer gemacht hat!", sagte die Mutter.
„Da hätt ich meinen Stolz", sagte der Vater.
Der Tomas zog seine Jacke an und seine Schuhe.
„Dir ist nicht zu helfen!", riefen der Papa, die Mama,
20 die große Schwester und der kleine Bruder.
„Jetzt braucht mir ja auch niemand mehr zu helfen!", rief der Tomas und lief aus der Wohnung. Und dachte: Die sind vielleicht komisch! Wollen, dass ich ewig traurig bleibe!

Christine Nöstlinger

Der Kleine Prinz

In diesem Augenblick erschien der Fuchs.

„Guten Tag", sagte der Fuchs.

„Guten Tag", antwortete höflich der kleine Prinz, der sich umdrehte, aber nichts sah.

5 „Ich bin da", sagte die Stimme, „unter dem Apfelbaum …"

„Wer bist du?", sagte der kleine Prinz. „Du bist sehr hübsch …"

„Ich bin ein Fuchs", sagte der Fuchs.

„Komm und spiel mit mir", schlug ihm der kleine Prinz vor. „Ich bin so traurig …"

10 „Ich kann nicht mit dir spielen", sagte der Fuchs. „Ich bin noch nicht gezähmt!"

„Ah, Verzeihung!", sagte der kleine Prinz.

Aber nach einiger Überlegung fügte er hinzu: „Was bedeutet das: ‚zähmen'?"

15 „Du bist nicht von hier", sagte der Fuchs, „was suchst du?"

„Ich suche die Menschen", sagte der kleine Prinz.

„Was bedeutet ‚zähmen'?"
„Die Menschen", sagte der Fuchs, „die haben Gewehre
und schießen. Das ist sehr lästig. Sie ziehen auch Hühner auf.
Das ist ihr einziges Interesse. Du suchst Hühner?"
„Nein", sagte der kleine Prinz, „ich suche Freunde.
Was heißt ‚zähmen'?"
„Das ist eine in Vergessenheit geratene Sache", sagte der Fuchs.
„Es bedeutet: sich ‚vertraut machen'."
„Vertraut machen?"
„Gewiss", sagte der Fuchs. „Du bist für mich noch nichts als
ein kleiner Knabe, der hunderttausend kleinen Knaben völlig
gleicht. Ich brauche dich nicht, und du brauchst mich ebenso
wenig. Ich bin für dich nur ein Fuchs, der hunderttausend
Füchsen gleicht. Aber wenn du mich zähmst, werden wir
einander brauchen. Du wirst für mich einzig sein in der Welt.
Ich werde für dich einzig sein in der Welt …"
Der Fuchs verstummte und schaute den Prinzen lange an:
„Bitte … zähme mich!", sagte er.
„Ich möchte wohl", antwortete der kleine Prinz, „aber ich
habe nicht viel Zeit. Ich muss Freunde finden und viele Dinge
kennen lernen."
„Man kennt nur die Dinge, die man zähmt", sagte der Fuchs.
„Die Menschen haben keine Zeit mehr, irgend etwas kennen
zu lernen. Sie kaufen sich alles fertig in den Geschäften.
Aber da es keine Kaufläden für Freunde gibt, haben die Leute
keine Freunde mehr. Wenn du einen Freund willst, so zähme
mich!"
„Was muss ich da tun?", sagte der kleine Prinz.
„Du musst sehr geduldig sein", antwortete der Fuchs.
„Du setzt dich zuerst ein wenig abseits von mir ins Gras.
Ich werde dich so verstohlen, so aus dem Augenwinkel
anschauen und du wirst nichts sagen. Die Sprache ist
die Quelle der Missverständnisse. Aber jeden Tag wirst
du dich ein bisschen näher setzen können …"

Antoine de Saint-Exupéry, übersetzt von Grete und Josef Leitgeb

Antoine de Saint-Exupéry „Der Kleine Prinz"

Dunya will dazugehören

Das ist ja genauso schlimm, wie freitags Spinat mit Spiegeleiern essen zu müssen!
Simone soll sich neben Dunya setzen. Und Dunya ist eine Katastrophe! Sie ist verrückt und sammelt Steine. Jeden Tag
5 bringt sie neue mit. Die liest sie irgendwo auf und behauptet, sie seien wertvoll. Dabei sind es ganz gewöhnliche Kieselsteine. Außerdem zieht Dunya nur rosafarbene Sachen an und kann nicht mal gut Gummitwist hüpfen.
Und nun soll Simone also neben Dunya sitzen, obwohl
10 Dunya gar nicht zu ihren Freundinnen gehört. Anneke ist Simones Freundin, und Stephanie. Carolin ist es und Corinna. Sie sind immer zu fünft. Beim Friseur haben sie sich alle die gleichen Frisuren schneiden lassen: vorne ein langer Pony und hinten eine superlange Haarsträhne. Sie verab-
15 scheuen Lakritze und essen nur rote und grüne Gummibärchen von der feinsten Sorte. Als Zeichen ihrer Freundschaft haben sie mindestens einen Fingernagel lackiert.
Zu Beginn des Schuljahres gehörte auch Clara dazu. Aber Clara hat sich mit Nico angefreundet. Seitdem mag sie lieber
20 Lakritze als Gummibärchen.
Simone ist sauer. Ehe sie ihr Heft und das Lesebuch ausbreiten kann, muss sie erst einmal Dunyas Durcheinander auf dem Tisch beiseite schieben. Wenn Dunya eines nicht kann, dann ist es Ordnung zu halten. Hefte, Bücher, Steine und
25 Stifte sind über den ganzen Tisch ausgebreitet.
„Die Hälfte des Tisches gehört mir!", Simone legt ein Lineal in die Mitte. „Das ist die Grenze. Keinen Zentimeter mehr."
Dunya räumt gutmütig ihre Sachen auf einen Haufen.
Sie hat nichts gegen Simone. Im Gegenteil.
30 Wenn sie ehrlich ist, dann wäre sie gern wie Simone. Dann hätte sie fünf Freundinnen, die alles tun, was sie sagt. Dann wäre sie die Beste beim Gummitwist und könnte wie Simone

mit dem Balletttanzen angeben. Nur die lackierten Fingernägel findet sie affig. Aber das sagt sie nicht. Vielleicht schafft sie es ja, Simones Freundin zu werden?
Schon am nächsten Tag gibt sich Dunya große Mühe. Sie achtet sehr genau darauf, nur eine Hälfte des Tisches zu benutzen. In der Pause schenkt sie Simone ein nagelneues Gummiband. Dafür darf sie auch einmal hüpfen. Danach setzt Simone eine verächtliche Miene auf und schiebt Dunya beiseite. „Du musst erst noch tüchtig üben!"
Dunya übt. Jeden Nachmittag spannt sie ein Gummiband zwischen zwei Stühle im Wohnzimmer und hüpft auch die schwierigen Kreuzsprünge. Ja, zur Verwunderung ihrer Mutter zieht sie nun sogar das blaue Kleid mit dem Matrosenkragen an oder das gelbe mit den Schmetterlingen darauf.
Von ihrem Taschengeld kauft sie rote und grüne Gummibärchen. Simone und ihre Freundinnen nehmen gerne welche davon. Aber Simone meint: „Das nächste Mal kaufst du die, die zehn Pfennige teurer sind. Sie schmecken einfach besser!"
In der dritten Woche verteilt Simone Einladungen zu ihrer Geburtstagsparty.
Erst als Dunya sicher ist, dass Simone ihr keine Einladung mehr gibt, fragt sie: „Und ich?"
Simone verdreht die Augen und seufzt. „Du passt einfach nicht zu uns!"
Dunya schluckt. Sie schluckt einen dicken Tränenkloß im Hals hinunter. Und dann wird sie wütend. Sie schiebt das Lineal beiseite, breitet Bücher und Hefte, Steine und Stifte über den ganzen Tisch aus und sagt so laut, dass es alle in der Klasse hören können: „Lackierte Fingernägel finde ich übrigens affig! Damit du's nur weißt!"

Angelika Mechtel

Freunde

„Wohin willst du?", fragte der Vater.
Benjamin hielt die Türklinke fest.
„Raus", sagte er. „Wohin raus?", fragte
der Vater. „Na so", sagte Benjamin.
5 „Und mit wem?", fragte der Vater.
„Och …", sagte Benjamin.
„Um es klar auszusprechen", sagte der
Vater, „ich will nicht, dass du mit diesem
Josef rumziehst!"
10 „Warum?", fragte Benjamin. „Weil er
nicht gut für dich ist", sagte der Vater.
Benjamin sah den Vater an.
„Du weißt doch selber, dass dieser Josef ein … na, sagen wir, ein geistig zurückge-
bliebenes Kind ist", sagte der Vater. „Der Josef ist aber in Ordnung", sagte
15 Benjamin. „Möglich", sagte der Vater. „Aber was kannst du schon von ihm lernen?"
„Ich will doch gar nichts von ihm lernen", sagte Benjamin. „Man sollte von jedem,
mit dem man umgeht, etwas lernen können", sagte der Vater. Benjamin ließ
die Türklinke los. „Ich lerne von ihm, Schiffchen aus Papier zu falten", sagte er.
„Das konntest du mit vier Jahren schon", sagte der Vater. „Ich hatte es aber
20 wieder vergessen", sagte Benjamin.
„Und sonst", fragte der Vater. „Was macht ihr sonst?"
„Wir laufen rum", sagte Benjamin, „sehen uns alles an und so." „Kannst du
das nicht mit einem anderen Kind zusammen tun?" „Doch", sagte Benjamin.
„Aber der Josef sieht mehr", sagte er dann. „Was?", fragte der Vater.
25 „Was sieht der Josef?" „So Zeugs", sagte Benjamin. „Blätter und so. Steine.
Ganz tolle. Und er weiß, wo Katzen sind. Und die kommen, wenn er ruft."
„Hm", sagte der Vater. „Pass mal auf", sagte er. „Es ist im Leben wichtig,
dass man sich immer nach oben orientiert." „Was heißt das", fragte Benjamin,
„sich nach oben orientieren?" „Das heißt, dass man sich Freunde suchen soll,
30 zu denen man aufblicken kann. Freunde, von denen man etwas lernen kann.
Weil sie vielleicht ein bisschen klüger sind als man selber."
Benjamin blieb lange still. „Aber", sagte er endlich. „Wenn du meinst, dass Josef
dümmer ist als ich, dann ist es doch gut für Josef, dass er mich hat, nicht wahr?"

Gina Ruck-Pauquèt

Kalle, Heiner, Peter

Warum spielt denn keiner
mit dem dicken Heiner?
Er trifft zwar nicht alle Bälle,
er ist eben nicht so schnelle.
Er sah letzten Winter auf dem Eis 'ne Möwe liegen,
ging zum Tierarzt, gab ihr Futter. Heute kann sie fliegen.
So tierlieb ist sonst keiner,
nur der dicke Heiner.

Warum spottet jeder
über unsern Peter?
Er trägt eine kluge Brille,
lacht kaum und ist meistens stille.
Aber er kann Geige spielen und auch komponieren.
Zu Weihnachten, beim Klassenfest, wird er es dann aufführen.
So was kann nicht jeder,
nur der stille Peter.

Warum hänseln alle
grad den schwachen Kalle?
Er holt sich zwar selten Beulen,
trotzdem sieht man ihn oft heulen.
Als einmal beim Fußballspielen das Fenster krachte,
rannten alle, außer ihm, der es zum Glaser brachte.
So mutig sind nicht alle
wie der schwache Kalle.

Kalle, Heiner, Peter –
solche kennt wohl jeder.
Kinder, die nicht stark, nicht schnell sind,
Kinder, die nicht ganz so hell sind.
Doch lernst du sie richtig kennen, lässt du sie nicht stehen.
Wirst du etwas ganz Besond'res grad bei ihnen sehen.
Und ihr könnt auf Erden
die besten Freunde werden.

Gerhard Schöne

Lisa

Lisa spielt gern Flöte. Wenn sie Flöte spielt, vergisst sie alles andere. Die Mutter hört gern zu. Manchmal hat sie aber keine Zeit zum Zuhören.
Ich hab Arbeit, sagt sie. Lisa kommt mit der Flöte in die
5 Küche. Trag mal schnell die leeren Gläser in den Keller, sagt die Mutter. Lisa trägt die Gläser maulend in den Keller. Als sie wieder in der Küche ist, sagt die Mutter: Räum doch mal schnell den Geschirrspüler aus!
Sehr widerwillig räumt Lisa das Geschirr in den Schrank.
10 Wie ein Wiesel flitzt die Mutter in der Küche hin und her. Sie hat viel Arbeit, denn es kommen Gäste zum Abendessen. Wenn du noch schnell den Tisch decken könntest, sagt sie. Nun reicht es Lisa aber. Sie heult. Ich wollte dir doch auf der Flöte vorspielen ...
15 Siehst du denn nicht ein, dass ich unter Druck stehe? Siehst du das nicht ein, dass du mir helfen musst?
Muss ich noch was tun? fragt Lisa.
Nein, sagt die Mutter, ich bin auch bald fertig.
Immer, wenn ich dir in die Nähe komme, gibst du mir einen
20 Auftrag, schnieft Lisa. Sie nimmt die Flöte und geht ins Wohnzimmer.
Jetzt habe ich Lisa die Lust am Flötenspiel verdorben, jetzt ist Lisa missgestimmt, denkt die Mutter. Sie selbst ist auch missgestimmt.
25 Da klingt aus dem Wohnzimmer ein Lied.
Die Mutter lässt die Arbeit liegen und geht hinüber.
Lisa spielt eine Polonaise von Mozart. Die Mutter hört zu. Als Lisa fertig ist mit dem Spiel, fragt die Mutter: Tröstet dich die Musik? Lisa nickt. Sie ist nicht mehr verärgert.
30 Auch die Mutter ist nicht mehr verärgert. Lisa musiziert weiter, und die ganze Welt besteht nur noch aus herrlichen Klängen.

Karin Gündisch

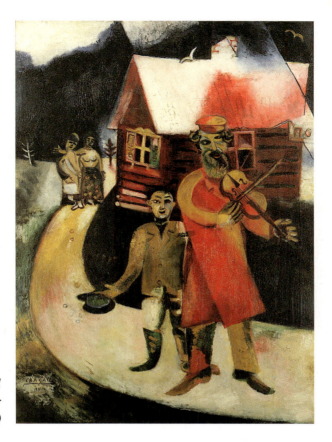

Marc Chagall
Der Geigenspieler
1910

Bist du manchmal auch verstimmt

Bist du manchmal auch verstimmt,
Drück dich zärtlich an mein Herze,
Dass mir's fast den Atem nimmt,
Streich und kneif in süßem Scherze.
Wie ein rechter Liebestor
Lehn ich sanft an dich die Wange,
Und du singst mir fein ins Ohr.
Wohl im Hofe bei dem Klange
Katze miaut, Hund heult und bellt,
Nachbar schimpft mit wilder Miene –
Doch was kümmert uns die Welt,
Süße, traute Violine!

Joseph von Eichendorff

Die Geschichte vom grünen Fahrrad

Einmal wollte ein Mädchen sein Fahrrad anstreichen. Es hat grüne Farbe dazu genommen. Grün hat dem Mädchen gut gefallen. Aber der große Bruder hat gesagt: „So ein grasgrünes Fahrrad habe ich noch nie gesehen. Du musst es rot anstreichen, dann wird es schön."
5 Rot hat dem Mädchen auch gut gefallen. Also hat es rote Farbe geholt und das Fahrrad rot gestrichen. Aber ein anderes Mädchen hat gesagt: „Rote Fahrräder haben doch alle! Warum streichst du es nicht blau an?" Das Mädchen hat überlegt und dann hat es sein Fahrrad blau gestrichen. Aber der Nachbarsjunge hat gesagt: „Blau? Das ist doch so dunkel.
10 Gelb ist viel lustiger!" Und das Mädchen hat auch gleich gelb viel lustiger gefunden und gelbe Farbe geholt. Aber eine Frau aus dem Haus hat gesagt: „Das ist ein scheußliches Gelb! Nimm himmelblaue Farbe, das finde ich schön." Und das Mädchen hat sein Fahrrad himmelblau gestrichen. Aber da ist der große Bruder wieder gekommen. Er hat gerufen: „Du wolltest es doch rot anstreichen!
15 Himmelblau, das ist eine blöde Farbe. Rot musst du nehmen, Rot!" Da hat das Mädchen gelacht und wieder den grünen Farbtopf geholt und das Fahrrad grün angestrichen, grasgrün. Und es war ihm ganz egal, was die anderen gesagt haben.

Ursula Wölfel

Seltsamer Spazierritt

Ein Mann reitet auf seinem Esel nach Haus und lässt seinen Buben zu Fuß nebenherlaufen. Kommt ein Wanderer und sagt: „Das ist nicht recht, Vater, dass Ihr reitet und lasst Euren Sohn laufen; Ihr habt stärkere Glieder." Da stieg der Vater vom Esel herab und ließ den Sohn reiten.
5 Kommt wieder ein Wandersmann und sagt: „Das ist nicht recht, Bursche, dass du reitest und lässest deinen Vater zu Fuß gehen. Du hast jüngere Beine." Da saßen beide auf und ritten eine Strecke.
Kommt ein dritter Wandersmann und sagt: „Was ist das für ein Unverstand, zwei Kerle auf einem schwachen Tiere? Sollte man nicht einen Stock nehmen
10 und euch beide hinabjagen?" Da stiegen beide ab und gingen selbdritt zu Fuß, rechts und links der Vater und Sohn und in der Mitte der Esel.
Kommt ein vierter Wandersmann und sagt: „Ihr seid drei kuriose Gesellen. Ist's nicht genug, wenn zwei zu Fuß gehen? Geht's nicht leichter, wenn einer von euch reitet?" Da band der Vater dem Esel die vordern Beine zusammen,
15 und der Sohn band ihm die hintern Beine zusammen, zogen einen starken Baumpfahl durch, der an der Straße stand, und trugen den Esel auf der Achsel heim.
So weit kann's kommen, wenn man es allen Leuten will recht machen.

Johann Peter Hebel

Leute

Kleine Leute, große Leute
gab es gestern, gibt es heute,
wird es sicher immer geben,
über, unter, hinter, neben

dir und mir und ihm und ihr:
Kleine, Große sind wie wir.
Größer als ein Großer kann
aber sein ein kleiner Mann.

Klein und groß sagt gar nichts aus,
sondern nur, was einer draus
für sich selbst und alle macht.
Darum habe darauf Acht:

Wer den andern hilft und stützt
und sich nicht nur selber nützt,
hat das richtige Format –
ob ein Zwerg er oder grad

lang wie eine Latte ist
oder einen Meter misst.
Kleine Leute, große Leute
gab es gestern, gibt es heute.

Günter Kunert

Der Löwe und die Maus

Ein Löwe lag im Schatten eines Baumes und schlief.
Einige Mäuse liefen neugierig zu ihm hin, und weil sich das schlafende, mächtige Tier
5 nicht bewegte, hüpfte eine der Mäuse zwischen seine Pranken. Da wurden auch die anderen mutig und bald tanzten alle Mäuse auf dem schlafenden König der Tiere.
Die tanzenden Mäuse auf seinem Körper aber
10 weckten den Löwen auf, er schüttelte sich unwillig und fing eine von ihnen mit seiner Pranke.
Es war jene Maus, die sich als Erste zu ihm gewagt hatte. Nun, unter der gewaltigen Pranke des Löwen zitterte die Maus wohl vor Furcht,
15 versuchte aber, es nicht zu zeigen, und rief: „Ich bitte dich, schone mein Leben! Ich will es dir mit einem Gegendienst vergelten."
Der Löwe hob verdutzt seine Pranke und musste wider Willen über die dreiste Rede des
20 kleinen Tierchens lachen und ließ es laufen.
Einige Zeit später geriet der Löwe in eine Falle.
Es war aber nicht fern von jener Stelle, wo die Maus in ihrem Erdloch lebte. Als sie
25 den Löwen hilflos in den Netzen der Jäger sah, lief sie zu ihm und nagte mit ihren spitzen Zähnen eine Schlinge entzwei.
Dadurch lösten sich die anderen Knoten, und der Löwe konnte das Netz zerreißen
30 und war wieder frei.
Keiner ist so schwach, dass er nicht auch einmal einem Starken helfen könnte.

Äsop

Märchen vom winzig kleinen Mann

Es war einmal ein winzig kleiner Mann, der lebte in den Sümpfen am Mississippi. Stand er neben anderen Menschen, selbst wenn die nicht sehr groß waren, so reichte er ihnen bis zum Knie. Er wäre gern etwas größer gewesen, also
5 sprach er zu sich: „Ich will das größte Tier in der Nachbarschaft fragen, wie es sich anstellen lässt, dass ich etwas größer werde."
Er ging zum Pferd und fragte: „Mein liebes Pferd, kannst du mir sagen, was ich tun muss, um etwas größer zu werden?"
10 Das Pferd sprach: „Du musst viel Mais essen und immer herumrennen, mindestens zwanzig Meilen am Tag, und wenn du das tust, wirst du mit der Zeit so groß und stark werden wie ich."
Der winzig kleine Mann tat, wie ihm geheißen, aber der Mais lag ihm schwer im
15 Magen, vom vielen Traben schmerzten ihm die Füße und von all der verzweifelten Anstrengung wurde er ganz traurig … nur größer wurde er nicht. Also kehrte er in sein Haus zurück und dachte darüber nach, warum der gute Rat des Pferdes bei ihm so gar nichts genutzt habe.
Endlich sagte er sich: „Vielleicht war das Pferd
20 nicht der rechte Ratgeber in meinem Fall. Ich will den Ochsen fragen."
Er besuchte also den Ochsen und sagte: „Lieber Ochse, kannst du mir sagen, was ich tun muss, damit ich etwas größer werde?"
25 Der Ochse antwortete: „Du musst viel Gras fressen und dann musst du brüllen, und wenn du ganz laut gebrüllt hast, du wirst schon sehen, dann bist du plötzlich so groß wie ich."
Der winzig kleine Mann befolgte auch diesen Rat
30 gewissenhaft, aber vom Gras bekam er Bauchschmerzen und vom vielen Brüllen wurde seine Stimme heiser, das Schlimmste war jedoch, er wurde nicht größer, sondern kleiner und kleiner.

Da kehrte er wieder in sein Haus zurück, setzte sich
35 vor die Tür und dachte darüber nach, warum bei ihm
aller guter Rat nichts geholfen habe.
Kurz darauf kam die Eule vorbei. Sie flog zu den Sümpfen
hinüber und schrie dabei: „Dumme Leute haben immer
Missgeschick, dumme Leute haben immer Missgeschick."
40 „Warte einen Augenblick, Eule", sagte der winzig kleine Mann,
„ich möchte dich etwas fragen."
„Aber bitte schön", sagte die Eule höflich und setzte sich
auf einen Ast, „was kann ich für dich tun?"
„Ich möchte größer werden", sagte der winzig kleine Mann.
45 „Aber was immer ich auch versuche, ich werde
und werde nicht größer. Ich bin schon ganz verzweifelt."
Da sprach die Eule: „Warum willst du eigentlich unbedingt
größer werden als du bist?"
„Ganz einfach", antwortete der winzig kleine Mann, „wenn es einen Streit gibt,
50 ist es gut, groß und stark zu sein, damit man nicht den Kürzeren zieht."
„Hat denn schon jemand versucht, dich zu verhauen?", fragte die Eule.
„Nein, das nicht", gab der winzig kleine Mann zu.

„Na, siehst du", meinte die Eule, „du brauchst dich
gar nicht zu schlagen. Also, warum willst du dann
55 größer und stärker sein als du bist?"
„Es ist da noch etwas", sagte der winzig kleine Mann.
„Wenn ich groß wäre wie die anderen, könnte ich
ganz weit sehen."
„Klettere doch auf einen Baum", riet ihm die Eule,
60 „dann siehst du weiter als der größte Mann." „Eigentlich hast du Recht", sprach der winzig kleine Mann.
„Also", sagte die Eule, „ich sehe, wir verstehen uns.
Ob nämlich jemand nun riesengroß oder winzig
klein ist, darauf kommt es nicht an. Warum wünschst
65 du dir, dass deine Beine wachsen! Wünsch dir lieber,
dass dein Verstand wächst. Dann wirst du deine
Sorgen loswerden."

Frederik Hetman

Der Nachtvogel

Ein Junge hatte immer große Angst, wenn er nachts allein in der Wohnung sein musste. Seine Eltern gingen oft am Abend fort.
Dann konnte der Junge vor Angst nicht einschlafen.
5 Er hörte etwas rauschen, und das war, als ob jemand im Zimmer atmete.
Er hörte ein Rascheln und ein Knacken, und das war, als ob sich etwas unter seinem Bett bewegte.
Aber viel schlimmer war der Nachtvogel.
10 Der Junge sah ihn immer ganz still draußen auf der Fensterbank sitzen, und wenn unten ein Auto vorüberfuhr, schlug der Vogel mit den Flügeln, und der Junge sah den riesigen Schatten an der Zimmerdecke.
Der Junge erzählte seinen Eltern von der Angst.
15 Aber sie sagten nur: „Stell dich doch nicht an. Du bildest dir das alles nur ein."
Und sie gingen immer wieder am Abend fort, weil sie den Vogel nicht sehen konnten, weil sie das alles nicht glaubten.
20 Einmal war der Junge wieder allein, und es schellte an der Wohnungstür.
Der Junge wurde steif vor Angst.
Wieder schellte es.
Es schellte und schellte.
25 Dann war es still, lange Zeit war es ganz still.
Dann kratzte etwas an der Hauswand. Das war der Vogel, er kletterte mit seinen Krallen an der Mauer hoch. Jetzt war er an der Fensterbank. Und jetzt schlug er mit seinem Schnabel an die Scheibe,
30 einmal, zweimal, immer wieder, immer lauter, und gleich würde das Glas zerbrechen, gleich würde der Vogel ins Zimmer springen!
Der Junge packte die Blumenvase vom Tisch neben

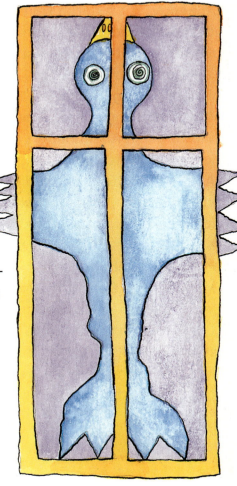

44

35 dem Bett. Er schleuderte sie zum Fenster.
Das Glas zersplitterte. Wind fuhr ins Zimmer,
dass der Vorhang hoch an die Wand schlug, und
der Vogel war fort.
Auf der Straße unten hörte der Junge seine Eltern
40 rufen.
Er rannte auf den Flur, er fand im Dunkeln sofort
den Lichtschalter und den Knopf vom Türöffner.
Er riss die Wohnungstür auf und lief den Eltern
entgegen.
45 Er lachte, so froh war er, dass sie da waren.
Aber sie schimpften. Ihre schönen Ausgehkleider
waren nass vom Blumenwasser.
„Was soll denn das wieder heißen?", fragte der
Vater. „Jetzt ist die Scheibe kaputt!"
50 „Und mein Mantel, sieh dir das an!", rief die Mutter.
„Der Nachtvogel war am Fenster", sagte der Junge.
„Der Nachtvogel hat mit seinem Schnabel ans
Fenster gepickt."
„Unsinn!", sagte der Vater. „Wir hatten den Schlüs-
55 sel vergessen, und du hast das Schellen nicht
gehört. Darum haben wir mit einer Stange vom
Bauplatz an dein Fenster geklopft."
„Es war der Nachtvogel, wirklich", sagte der Junge.
„Der Nachtvogel war es!"
60 Aber die Eltern verstanden das nicht. Sie gingen
immer wieder am Abend fort und ließen den
Jungen allein.
Er hatte immer noch Angst, er hörte immer noch
das Rauschen und Rascheln und Knacken.
Aber das war nicht so schlimm.
Denn der Nachtvogel kam nie mehr wieder, den
hatte er vertrieben. Er selbst hatte ihn vertrieben,
   er ganz allein.

Ursula Wölfel

Werkstatt

Hörspiel-Macher

Aus der Geschichte von Ursula Wölfel könnte man ein gutes Hörspiel machen. Hast du Lust und Ideen?

Wir brauchen:
- viele gute Ideen
- ein Drehbuch
- Mittel zum Erzeugen von Geräuschen oder Musik
- Kassettenrecorder
- Kassette
- Mikrofon

Was ist denn ein Drehbuch?

Schau doch einfach in unser Leselexikon!

Drehbuch
1. Erzähler-Text (Zeile 1–5)
2. Rauschen, als ob jemand im Zimmer atmet
3. Rascheln
4. Knacksen (wie unter dem Bett)
5. Auto fährt vorbei
6. Flügelschlagen
7. Dialog:
   Junge: Ich habe Angst vor dem Nachtvogel.
   Geht doch nicht weg.
   Eltern: Stell dich doch nicht so an.
8. Erzähler (Zeile 17–19)

Werkstatt

Aber wie machen wir Geräusche?

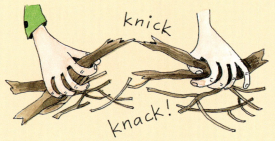

Knacksen:
Mit Zweigen knacksen

Rauschen:
hinter dem Taschentuch ins Mikrofon blasen

Starker Regen/Hagel:
Linsen in Plastikdose/Glas/Schachtel schütteln

Rascheln:
mit Plastiktüten rascheln

Wind:
in Flasche pusten

Schritte im Schnee:
Sand und Kartoffelstärke in Säckchen geben, bewegen

Auch Pausen und Musik können sehr wirkungsvoll sein.

Werbespot-Lied

Elegant, mondän, modern:
Sockenhalter für den Herrn.
Sonderklasse! Voll im Blick!
Angebote! Superschick!

Frech, verwegen, schick, mit Pfiff:
Unser Regenschirm mit Griff!
Topmodelle! Schnüffelpreise!
Spitzenklasse! Für die Reise!

Super-, hyper-, megastark:
Unser Vollrahm-Magerquark!
Zugegriffen! Unser Hit!
Traumhaft billig!
Nimm mich mit!

Lassen Sie sich überraschen:
Uns're Hosen haben Taschen
Zugegriffen! Unser Hit!
Traumhaft billig!
Nimm mich mit!

Paul Maar

Familiengeschichten

Was froh machen kann

Omas Gesicht, wenn du ihr etwas schenkst,
der Gedanke, den du gerade denkst.
Der Plan von einem Schatz,
am Bach dein Lieblingsplatz.
Wenn dir etwas Schwieriges gelingt
und einer dich zum Lachen bringt.
Die warme Sonne auf dem Bauch,
wenn du wen magst und er dich auch.

Regina Schwarz

Kinder

Von deinem Vater,
deiner Mutter
bist du
das Kind.

Von deinen Großvätern,
deinen Großmüttern
sind deine Eltern
die Kinder.

Von deinen Urgroßvätern,
deinen Urgroßmüttern
sind deine Großeltern
die Kinder.

Also sind
deine Großeltern,
deine Eltern
und du
allesamt Kinder.

Hans Manz

Oma kommt!

Vor Monaten war sie das letzte Mal da.

Jule und Simon holen sie vom Zug ab.
Oma begrüßt zuerst Simon.
Sie pikst ihn in die Rippen.
Sie sagt, dass er groß geworden ist.
Anschließend wird Jule begrüßt.
„Grüß dich, kleine Maus", sagt Oma
und beugt sich zu Jule herab.
Oma macht einen Kussmund.
Jule dreht ihren Kopf weg.
Jule will keinen Kuss.
Und eine kleine Maus will sie auch nicht sein!

„Die kleine Maus ist nicht da", brummelt Jule.

„Oh", sagt Oma. „Wo ist sie denn?"
„Die Katze hat sie gefressen", sagt Jule.
Dabei stellt sie sich auf die Zehenspitzen.

„Meine Güte", sagt Oma.
„Du bist ja auch gewachsen."
Oma lacht und pikst Jule in die Rippen.

Das ist besser als Küssen.
Das kitzelt so schaurig!
Jule kichert entzückt.

Anne Steinwart

Geschichte zum Nachdenken

Mama sagt, die Locken hab ich von ihr
und dass ich schnell lernen kann, auch.
Papa sagt, die blauen Augen,
die hab ich von ihm
und dass ich gut turnen kann, auch.
Oma sagt, die Nase hab ich von ihr
und dass ich schön singen kann, auch.
Und Opa sagt, von ihm hab ich meinen
Verstand.

Aber wenn ich mal ein bisschen
schwindle, sagt Papa zu Mama:
„Das hat er von dir."
Wenn ich zu viel esse und mir schlecht
wird, sagt Mama zu Papa:
„Das hat er von dir."
Und wenn mich mal die Wut packt
und ich frech und ungezogen bin,
dann zanken sich Mama, Papa,
Oma und Opa, weil sie nicht wissen,
von wem ich das nun habe.

Ich bin froh, dass ich auch was
von mir selber hab!

Margret Rettich

Franz von Lenbach mit Frau und Töchtern 1903

Das ist ein Theater

Das ist ein Theater:
– Du siehst aus wie dein Vater!
– Nein, doch mehr wie die Mutter!
– Ja, du kommst nach dem Bruder!
– Wie die Tante aus Wien!
– Onkel Hans aus Berlin!
All das ärgert mich.
Ich sehe aus wie ich!

Rolf Krenzer

Mama, ich hol Papa ab

„He, Mama!", ruft Niko. „Wo bist du denn?"
„Im Bad!", ruft Mama, und Niko rennt zu ihr.
Mama steht auf der Waage und guckt zum Zeiger unter sich.
„Den siehst du gar nicht, so dick ist dein Bauch", sagt Niko.
5 „Natürlich sehe ich den Zeiger", sagt Mama und steigt
von der Waage. „Sonst wüsste ich ja nicht, dass ich
17 Pfund zugenommen habe."
Niko guckt auf Mamas gewölbten Bauch und staunt:
„Das ist ein toller Baby-Hügel."
10 Mama zieht Niko an sich und seine Nase drückt in ihren
Bauch. Die Nase ist jetzt ganz nah beim Baby.
Hm, sie riecht gut, die Mama, denkt Niko. Sie riecht so schön
und irgendwie weich. Da kann er gar nicht wegriechen.

Sie stehen beieinander. „Mama", sagt Niko leise,
15 „erzähl mir was von unserem Schwester-Baby."
Und Mama erzählt: „Wir werden es baden. Du und ich."
„Und Papa auch", sagt Niko.
„Hm, der auch. Aber wir baden es nicht in der großen
Badewanne", sagt Mama. „Es kriegt deine alte Babywanne."
20 „Und es darf keinen Seifenschaum in die Augen bekommen,
unser Baby", sagt Niko. „Das brennt gemein. Weiß ich noch.
Papa hat mich mal gebadet, das war … Halt!", sagt Niko.
„Wie viel Uhr ist es denn?"
„Fünf nach vier", antwortet Mama.
25 „Ich muss los, Papa abholen", sagt Niko und rennt
in sein Zimmer. Dort nimmt er das Fernglas und steckt es
in die große Brusttasche der Latzhose.
Seine Schwester muss auch mit. Die guckt halb unterm
Kopfkissen hervor. Niko klemmt sie hinter seinen Hosen-
30 träger.
Ach so, ja … eine richtige Schwester ist das nicht.
Es ist eine Puppe aus weißem Frotteestoff. Weich, mit
kurzen roten Haaren, rotem Mund und schwarzen Augen.

Eine Übungsschwester, zum Ausprobieren. Denn
35 Schwester-Haben muss man üben, denkt Niko.
„Fährst du? Oder gehst du?", fragt Mama im Flur.
„Ich fahre", antwortet Niko, und ‚bumm' knallt er
die Wohnungstür hinter sich zu.
„Nicht so laut!", ruft Mama.
40 „Ich soll nicht laut sein. Aber Mama schreit laut
hinter mir her", sagt Niko zu seiner Stoffpuppe.
Er streicht ihr durch die kurzen Haare und seufzt.
Niko rennt vom dritten Stock ins Erdgeschoss.
Da steht sein Kettcar an der Wand unter den Briefkästen.
45 „Halt dich fest!", sagt er zur Übungsschwester. Wie in einem
Sicherheitsgurt steckt sie hinterm Hosenträger. Im nächsten
Augenblick fährt Niko sein Auto mit Schwung über
die Haustürschwelle und auf den Gehsteig.
Er sieht an den rotbraunen und grauen Mauern hoch in den
50 blauen Himmel und in die Sonne. Dann tritt er in die Pedale.
Fährt zum Ende seiner Straße und seinem Papa entgegen,
der dahinten gleich um die Ecke kommen wird.

Achim Bröger

Achim Bröger „Mama, ich hol Papa ab"

Vom Klopfen

Das Herz klopft mir im Leibe,
der Gast klopft an die Tür,
und manchmal klopft der Vater
die Schulter kräftig mir.
Es klopfen die Motoren
und alle Spechte auch.
Und unser neues Baby
klopft an Muttis Bauch.

Alfred Könner

Fernsehgeschichten vom Franz

Vor zwei Wochen haben die Kinder wieder einmal über eine TV-Serie geredet. Über eine, wo ein Detektiv einen Hund als Partner hat. Und der ist so klug, dass er Verbrechen erschnüffelt. Die einen Kinder haben die Serie toll gefunden.
5 Die anderen Kinder haben gesagt, sie sei doch totaler Unsinn. Der Franz hat still dabeigesessen.

„Was meinst du?", hat ihn der Alexander gefragt. Der Franz wollte nicht schon wieder sagen, dass er diese Serie zu Hause nicht sehen kann.
10 So sagte er: „Ich hab was anderes angeschaut."
(In Wirklichkeit hatte er mit der Mama Fang-den-Hut gespielt.)
„Und zwar?", fragte der Alexander.
„Eine andere Serie", sagte der Franz.
„Und zwar?", fragte die Martina.
15 „Eine … von einem Astronauten … von einem anderen Planeten … der landet bei uns … und sein Raumschiff geht dabei kaputt", sagte der Franz.
„Auf welchem Sender?", fragte der Max.
„Sat-sechs!", sagte der Franz und seine Stimme war dabei
20 ein bisschen piepsig.
„Sat-sechs gibt es gar nicht!", riefen die Kinder.
Er piepste: „Den gibt's! Ist mit der Spezial-Antenne zu empfangen, die mein Papa gebastelt hat!"
Alle Kinder schauten jetzt misstrauisch.

25 Und der Peter sagte: „Sein Papa und Antennen basteln?"
Doch da kam der Eberhard dem Franz zu Hilfe. Der Eberhard
beschützt den Franz immer. Der Eberhard rief: „Und ob sein
Papa das kann! Ich kenne die Antenne. Die ist super! Aber
der Satellit, von dem die Programme kommen, läuft erst
30 zur Probe." Dann sagte er noch: „Vielleicht in zwei Jahren
oder so könnt ihr Sat-sechs dann auch sehen."

Die Kinder waren sehr beeindruckt. Dass der Eberhard
dem Franz beim Schwindeln beistand, kapierten sie nicht.
Jeden Tag musste der Franz in der Schule nun berichten,
35 was in der Raumschiff-Serie von Sat-sechs Neues passiert
war.

Am ersten Tag piepste der Franz noch, als er den Kindern
erzählte, dass sich der Astronaut im Wald ein Baumhaus
gebaut hat. Am zweiten Tag piepste der Franz kaum noch,
40 als er erzählte, dass zwei Jungen den Astronauten finden,
aber seine Sprache nicht verstehen. Und der Astronaut
holt aus dem Raumschiff den „Weltall-Übersetzer". Und der
übersetzt ins Deutsche, was der Gomel-Astronaut sagt, und
ins „Gomelische", was die Buben sagen.

45 So erzählte der Franz nun jeden Tag drauflos. Vom reparier-
ten Raumschiff, das dann doch ein bisschen zu wenig Kraft
für den Start hat. Davon, wie der arme Astronaut von Tag zu
Tag schwächer wird, weil seine Essens-Vorräte ausgehen …

Christine Nöstlinger

Hellseher auf dem Fahrrad

Jürgen und Andreas wollen mit den Rädern zum Sportplatz. „Wir fahren durch die Daimlerstraße", hatte Andreas vorgeschlagen. Dort gibt es einen Radweg neben der Fahrbahn. Jürgen, der Jüngere der Beiden, fährt auf dem schmalen
5 Radweg voraus und tritt mächtig in die Pedale. Andreas soll keinen Grund haben, ihn mit der Bemerkung „Kinderrädchen-Tempo" aufzuziehen. Jürgen hat immerhin ein Jugendrad mit Sportlenker und Dreigangschaltung.
Plötzlich wird Jürgen von Andreas' lautem Rufen aus seinen
10 Gedanken gerissen. „Pass auf!" hört er und „Autotür!".
Er bremst sofort mit Rücktritt- und Vorderradbremse.
Keine fünf Meter vor ihm steht ein Auto am Straßenrand.
Die rechte vordere Tür geht weit auf und versperrt fast den ganzen Radweg. Jürgen kann gerade noch nach rechts
15 auf den Gehweg ausweichen. „Da wäre ich draufgedonnert, wenn ich vorher nicht abgebremst hätte", denkt Jürgen.
„Wie konnte Andreas nur wissen, dass jemand die Autotür aufmacht", überlegt er.
Da ist Andreas schon neben ihm und schimpft:
20 „Hast du denn keine Augen im Kopf!"
„Ich bin doch kein Hellseher", brummt Jügen.
Andreas macht ihm klar, dass ein Radfahrer schon manchmal „Hellseher" sein muss.
„Dass die Autotür aufgeht, war doch völlig klar", sagt Andreas.
25 „Wenn ein Auto rechts heranfährt und hält, dann steigt auch

jemand aus. Wenn du auf dem Radweg vorbeifährst, musst du darauf achten, ob rechts jemand sitzt. Mitfahrer schauen vor dem Aussteigen fast nie, ob ein Radfahrer kommt. Die machen einfach die Tür auf.
30 Das musst du als Radfahrer voraussehen.

Martin Steinmann

Ohne Auto?

Dorothea Tust

Die Belohnung

Personen: Mutter und Sohn
Spielanleitung: Auf der Bühne stehen zwei oder drei Stühle und ein Tisch, auf den die Mutter gerade Teller für das Mittagessen stellt.

SOHN: *(kommt auf die Bühne; auf dem Rücken trägt er seinen Schulranzen)* Hallo Mama!
MUTTER: Hallo, Sven.
SOHN: *(stellt den Ranzen in die Ecke)* Was gibt es zu essen?
MUTTER: Nudeln mit Tomatensoße.
SOHN: Hm, lecker!
MUTTER: Wie war es denn in der Schule?
SOHN: *(setzt sich an den Tisch)* Ach, ganz gut.
MUTTER: Habt ihr eure Mathearbeit eigentlich immer noch nicht wiederbekommen?
SOHN: *(schlägt sich mit der Hand an die Stirn)* Ach ja, natürlich, wie konnte ich das nur vergessen.
MUTTER: Und?
SOHN: *(stolz)* Ich habe eine Eins geschrieben.
MUTTER: Wirklich?
SOHN: Ja! Und erinnerst du dich an dein Versprechen, dass ich mir etwas wünschen darf, wenn ich eine gute Mathearbeit schreibe?
MUTTER: Aber natürlich weiß ich das noch. Was wünschst du dir denn nun?
SOHN: Einen Bernhardiner.
MUTTER: *(verwundert)* Was wünschst du dir?
SOHN: Einen Bernhardiner. Die großen Hunde, die auch in den Bergen zur Rettung von Menschen eingesetzt werden.
MUTTER: Ja, sicher kenne ich einen Bernhardiner, aber überleg doch mal: so ein großer Hund hier bei uns in der Wohnung.
Das geht nicht. Hast du denn keinen kleineren Wunsch?

SOHN: *(überlegt einen Moment)* Na gut, dann möchte ich einen Tag lang Papa spielen.
MUTTER: Das ist eine gute Idee, damit bin ich einverstanden.
SOHN: Ich komm gleich wieder. *(verlässt die Bühne)*
MUTTER: *(deckt den Tisch weiter)*
SOHN: *(kommt wieder, er trägt jetzt einen Anzug und Schuhe, die ihm zu groß sind)* Helga, ich bin da.
MUTTER: *(ironisch)* Hallo Gerd, mein lieber Mann. Das ist aber schön, dass du so früh kommst.
SOHN: *(befehlend)* Los, Helga, jetzt trödel nicht lange rum. Wir fahren nämlich in die Stadt und kaufen Sven einen Bernhardiner. *(Vorhang)*

Holger Jung

Familie Habakuk

Wer noch nie vor unserer Wohnungstür gestanden hat, liest zuerst das Namensschild, und das dauert eine kleine Weile. Ganz oben stehe ich, Astrid Habakuk, weil mein Name mit „A" anfängt. Neben meinen Namen habe ich eine Batman-Maske
5 gemalt, weil ich den so toll finde.
Darunter steht: Cäcilie Habakuk. So heißt meine „große" Schwester, aber wir nennen sie alle „Cilli". Cilli hat sich irgendwelche Schlagersänger ausgeschnitten und neben ihren Namen geklebt.
10 Unter Cilli steht der Name meiner Mama: Dorothee Habakuk. Mama hat neben ihren Namen eine Tuba gemalt, denn Mama ist erste Basstubabläserin der städtischen Blaskapelle, und sie muss jeden Tag auf der Tuba üben. Wenn sie übt, muss ich aus ihrem Zimmer verschwinden. Mama kann es nicht
15 leiden, dass ich immer lache. Dabei sieht es wirklich komisch aus, wenn sie dicke Backen macht, um einen Ton aus der riesigen Tuba herauszukriegen.
Ganz unten steht dann der Name von Papa: Hannes Habakuk. Papa ist ein Schriftsteller und schreibt alle mögli-
20 chen Geschichten. Neben seinen Namen hat er eine Schreibmaschine gemalt. In letzter Zeit jedoch hört man sie immer nur kurz klappern, dann macht es gleich wieder RRRATSCH, und Papa schimpft ganz laut, weil er wieder nicht zufrieden war. Papa soll ein lustiges Geschichtenbuch für Kinder schrei-
25 ben. Eine der Geschichten hat er Cilli und mir vorgelesen. Als wir ihn schließlich fragten, wann es denn endlich lustig wird, ging er wütend wie ein alter Drache in sein Arbeitszimmer und knallte die Tür zu. WUMM.

Dann riss Mama die Tür auf und rief, wie sie bei dem Krach
30 vernünftig üben solle, wo doch morgen das große Platzkonzert sei, und dann schlug sie ihre Tür auch zu. WUMM!
Nun riss Papa seine Tür auf und brüllte, dass er bei dem BA-BU-BA-BA ja auch wirklich keine lustigen Geschichten schreiben könne. Das sei ja nicht zum Aushalten, schrie er
35 und knallte seine Tür so heftig zu, dass das kleine gerahmte Bild von Oma von der Wand fiel und in Scherben ging. WUMM und KLIRR machte das und schon stand Mama wieder im Flur und schrie: „Was hast du bloß gegen Oma? Immer knallst du ihr Bild in Scherben."
40 Und dann riss sie Papas Zimmertür auf und schlug die Tür gleich wieder hinter sich zu. Wir Kinder brauchen nicht alles mitzubekommen. Damit meinten Mama und Papa, wir sollten nicht mitbekommen, dass sie genauso streiten und keifen können wie wir Kinder, nur dass sie sich nicht hauen und mit
45 Sand schmeißen.
Irgendwann waren Mama und Papa wieder still, ganz still, und dann ging die Tür auf, und Papa sagte: „Es tut mir wirklich leid. Ich finde dein Spielen auf der Tuba eigentlich sehr schön, das weißt du doch. Ich bin einfach so unglücklich,
50 weil mir nichts Gescheites einfällt."
„Ist gut, Hannes", sagte dann Mama. „Du weißt doch, dass du immer erst ein paar Tage brauchst, damit dir etwas Gutes einfällt. Jetzt räum die Scherben weg und bring bitte Astrid ins Bett – ich muss üben!"
55 „Dorle?!", sagte Papa, und Mama gab ihm noch einen Kuss. Jetzt wusste Papa, dass es wirklich wieder gut war, und er holte seufzend Besen und Kehrschaufel.

Ulrich Karger

Ulrich Karger
„Familie Habakuk und die Ordumok-Gesellschaft"

Küssen verboten

Robby klingelt. Er will Miki abholen.
Mama geht mit runter bis zur Haustür.
Sie hilft Miki mit dem Ranzen.
„Tschüs!", sagt sie und gibt Miki einen Kuss.
5 „Tschüs!", sagt Miki und gibt Mama einen Kuss.
Er dreht sich immer wieder um und winkt.

Robby knufft Miki in die Seite. „Mann, eh, bist du ein Baby
oder was?"
„Ein Baby?", fragt Miki empört. „Wie kommst du denn
10 auf so 'nen Quatsch?"
„Ist doch klar, Mann", sagt Robby. Er macht ein wichtiges
Gesicht. „Nur Babys lassen sich von ihren Mamas küssen.
Richtige Männer nicht. Niemals." Robby schüttelt sich. „Solche Knutschereien finden die eklig. Ganz scheußlich eklig."
15 „Das stimmt nicht", sagt Miki. „Nämlich mein Papa lässt sich
von meiner Mutter oft küssen. Und er küsst sie auch.
Das findet er überhaupt nicht eklig."
Robby schüttelt den Kopf. „Mann, du verstehst auch gar
nichts. Das ist doch mit Verliebtsein und so. Bist du etwa
20 verliebt in deine Mutter?"
Miki ist sehr verliebt. In Tatjana.
„Ich glaube, ich verliebe mich überhaupt nie. Wenn alle Weiber so sind wie meine große Schwester, dann vielen Dank.
Die würde ich nie küssen. Höchstens, wenn du mir eine
25 Million Mark gibst."
Miki schüttelt den Kopf. Er hat gar keine Million. Nicht mal
eine einzige Mark. Die letzte hat er nämlich gestern
für Fußballbilder ausgegeben.
Robby bleibt am Schultor stehen. „Schluss mit der Küsserei,
30 Kleiner. Sonst wird nie ein richtiger Mann aus dir. Klar?"
Robby klopft Miki noch einmal auf die Schulter.
Dann läuft er zu den Jungen aus seiner Klasse …

Am Nachmittag klingelt Miki bei Robby. Er will Robby zum Training abholen.

35 Robbys Mutter öffnet. „Hallo, Miki", sagt sie.
Sie hilft Robby mit dem Reißverschluss vom Anorak.
Sie steckt Robbys Fußballschuhe in die Sporttasche.
„Tschüs, mein Schatz", sagt sie und gibt Robby einen Kuss.
Tatsächlich, das wagt sie!

40 Miki hält den Atem an. Gleich wird etwas Schreckliches passieren. Robby wird sich nicht küssen lassen.
Robby nicht! Er wird sich rächen. Schade um Robbys Mutter.
Eigentlich ist sie ganz nett.
„Tschüs, Miki", sagt Robbys Mutter. Aber Miki kann nicht
45 tschüs sagen. Er kann gar nichts sagen. Er kann nur dastehen und Robby anstarren.

„Na, was ist?", fragt Robby. „Willst du hier Wurzeln schlagen?"
„Aber", stottert Miki, „aber …" Er zeigt hinter sich.
„Aber ich denke … ich denke, nur Babys …"
50 „Ach, das meinst du?", Robby muss plötzlich schrecklich husten. Er hört gar nicht wieder auf.
Sicher ist er krank.
Dann kann er nicht zum Training gehen und Miki muss Herrn Obermüller Bescheid sagen.
55 Aber da sagt Robby: „Na komm schon!"
Er ist noch ein bisschen rot im Gesicht und keucht.
Als sie beim alten Kino sind, kann er wieder reden.
Er räuspert sich noch einmal und sagt: „Pass auf, ich erklär's dir. Also, wenn du ein richtiger Mann bist, darfst du vor nichts
60 zurückschrecken. Vor gar nichts. Verstehst du?"

Frauke Nahrgang

Frauke Nahrgang
„Küssen verboten"

Kim hat Sorgen

Heute bin ich von der Schule nach Hause gekommen,
bin in mein Zimmer gegangen, hab mich umgesehen und
hab zu mir selber gesagt: „Also heute räume ich einmal mein
Zimmer auf. So wie das da aussieht, da macht es ja wirklich
5 keinen Spaß mehr, hier zu wohnen. Nach dem Essen werd ich
gleich mein Zimmer aufräumen."
Und ich hab richtig gemerkt, wie ich mich gefreut hab auf
mein aufgeräumtes Zimmer. Schließlich ist es ja mein Zimmer,
und ich muss drin wohnen, und ich hab zu mir selber gesagt:
10 „Siehst du", hab ich zu mir gesagt, „ich bin alt genug,
dass ich selber weiß, wann ich mein Zimmer aufräumen muss,
und niemand braucht es mir zu sagen!"
Und ich hab gemerkt, dass ich mich gefreut hab, dass ich
ganz von selber mein Zimmer aufräumen werd, ohne dass es
15 mir wer gesagt hat.
Beim Mittagessen hat meine Mutter dann zu mir gesagt:
„Kim", hat sie gesagt, „heute räumst du endlich einmal
dein Zimmer auf!"
Da war ich ganz traurig.
20 Und jetzt sitz ich da und kann mein Zimmer nicht freiwillig
aufräumen. Und unfreiwillig mag ich es nicht aufräumen.
Und wenn ich es heute nicht aufräume, dann wird die Mutter
mit mir schimpfen und wird morgen wieder sagen, ich soll
mein Zimmer aufräumen, und dann kann ich es morgen auch
25 nicht freiwillig aufräumen.
Und so weiter, bis in alle Ewigkeit.
Und in einem so unordentlichen Zimmer mag ich auch
nicht wohnen. Ich sehe keinen Ausweg. Ich glaube,
ich muss auswandern.

Martin Auer

Aufgeregt im Kinderzimmer

her und hin rennt Annette

Ihre Sachen liegen immer durch-ein-an-der, kreuz und quer.

Wo ist nur meine Uhr?

Von dem Halstuch keine Spur!

Philipp Günther

ordnung-unordnung

ordnung ordnung
ordnung ordnung
ordnung ordnung
ordnung ordnung
ordnung ordnung
ordnung unordn g
ordnung ordnung
ordnung ordnung
ordnung ordnung
ordnung ordnung
ordnung ordnung

Timm Ulrichs

Werkstatt

Bilder mit Wörtern bauen

Chris hat sich in seinem Kinderzimmer umgesehen.

Wie sieht es bei dir zu Hause aus?

BUCH 　　　　　　PAPIER
BUCH　LINEAL　　PAPIER
BUCH　HEFTER　SOCKEN
KAUGUMMIS　　HEFTER
TISCH　TISCH　TISCH
TISCH　　　　　TISCH
TISCH　　　　　TISCH
TISCH　　　　　TISCH

Du kannst auch etwas anderes mit Worten malen, z. B. dein Regal, deinen Schrank, dein Haus, den Spielplatz …

Wenn er mit seinem Bruder spielt, sieht das so aus:

SPIELEN SPIELEN SPIELEN
SPIELEN STREITEN SPIELEN
STREITEN STREITEN SPIELEN
STREITEN STREITEN STREITEN

Wenn er dann wegläuft, sieht das so aus:

LAUFEN
　LAUFEN
　　LAUFEN
　　　LAUFEN

STOLPERN
HIN
FALLEN

Wie sieht das aus: lachen, verstecken, rutschen, …?

Gesund bleiben – sich wohl fühlen

Zärtlichkeiten:
Die Arme ausbreiten
Märchen erzählen
Blätter sammeln
Bauchweh wegstreicheln

Nasrin Siege

Kranksein ist schön

„Ich will auch krank sein", maulte Evi. „Kranksein ist schön!"
„Schön?" Ich heulte entsetzt auf. „Schrecklich ist es. Hundsgemein und schrecklich."
Ich konnte Evi nicht verstehen. Was sollte am Kranksein
5 schön sein?
„Du spinnst", antwortete ich matt. „Wer liegt schon gerne den ganzen Tag im Bett und fühlt sich elend?"
„Pah", machte Evi. „Man muss wenigstens nicht in die Schule."

10 So ein Quatsch! Viel lieber wäre ich in die Schule gegangen anstatt mit diesen blöden Windpocken im Bett zu liegen! Ich fühlte mich so krank. Heiß war mir und kalt, mein Kopf tat weh, mein Gesicht und mein Bauch waren mit eklig roten Pusteln übersät, die scheußlich juckten, und das
15 Essen schmeckte mir auch nicht. Wenn ich nur an Essen dachte, fühlte ich mich noch elender. Ich hatte nicht einmal Lust auf Erdbeereis, Spagetti oder Kartoffelpuffer, so krank war ich. Ja, ich fühlte mich elend. Hundeelend.
Und da sagte Evi so einfach, Kranksein sei schön!
20 Blöde Ziege! Ich war so richtig sauer auf sie.
„Mach dir keine Sorgen", schimpfte ich und zog mir das Kissen über den Kopf.
„Du wirst die Windpocken bestimmt auch bald haben. Die sind nämlich ansteckend. Und jetzt lass mich in Ruhe!"

25 „Bäh." Evi verkrümelte sich und ich fühlte mich noch kränker. Alles tat weh. Überall juckte es. Und dabei durfte man bei Windpocken nicht einmal kratzen! Oh, ich tat mir schrecklich leid!
Evi hatte kein Mitleid mit mir. Niemand hatte Mitleid mit mir.
30 Ach. Lange Zeit ging es mir so elend. Mindestens zwei Tage lang.
Eines Tages wachte ich auf und hatte einen Riesenappetit. Auf Kartoffelpuffer, Spagetti und Erdbeereis. Mutti freute

sich, und mittags gab es tatsächlich Kartoffelpuffer.

35 „Hm, die schmecken lecker. Ich glaube, so gut haben sie mir noch nie geschmeckt." Ich aß und aß und fühlte mich fast wie zum Bäumeausreißen. Aber noch war ich ein bisschen krank und musste im Bett bleiben. Und, ehrlich, Evi hatte Recht. Kranksein konnte schön sein.

40 Mutti hatte sich extra wegen mir Urlaub genommen, und Vati kam immer wieder aus seinem Arbeitszimmer und fragte, ob es mir schon besser ging. Er erzählte Geschichten und neue Witze. Wir spielten Mau-Mau, Mensch-ärgere-dich-nicht, Schiffe versenken und Ich-seh-etwas-was-du-nicht-siehst,

45 und wir hatten eine Menge Spaß dabei. Mutti brachte mir eine neue Kassette und viel Lesefutter vom Einkaufen mit. Es war richtig gemütlich, im Bett zu liegen, Musik zu hören und zu schmökern. Und die anderen mussten in die Schule gehen. Das freute mich jetzt richtig.

50 „Du hast Recht", sagte ich zu Evi. „Kranksein ist wirklich schön."
Evi aber winkte nur ab.
„Ich hab so Kopfweh", jammerte sie, „und übel ist mir auch."
„Kopfweh?", fragte Mutti entsetzt.

55 „Übel?", rief Vati aufgeregt. „Du wirst doch nicht ...?"
„Das sind bestimmt die Windpocken", meinte ich fachmännisch und begann, Evi nach kleinen roten Pusteln abzusuchen.
Am nächsten Tag lag Evi dann wirklich mit vielen kleinen,

60 juckenden Pusteln, mit Frieren und Schwitzen, mit Kopfweh und Keine-Lust-auf-Essen im Bett.
„Ich fühl mich so elend", stöhnte sie und verkroch sich unter die Bettdecke.
Dass Kranksein „doch so schön ist", hatte sie, glaube ich,

65 ganz vergessen.

Elke Bräunling

Das Bauchweh

Einmal hab ich Bauchweh gehabt. Das Bauchweh war das Diktat,
das wir an dem Tag, an dem ich Bauchweh bekam, schreiben sollten.
Als ich morgens aufwachte, hatte ich schon ein leises Grummeln im Magen.
„Ich habe Bauchweh", habe ich zu meiner Mutter gesagt.
5 „Schreibst du eine Arbeit heute?", hat sie mich gefragt. Ich kann nicht lügen,
höchstens mal ein bisschen flunkern. Aber dann kriege ich auch schon wieder
Bauchweh. Also lass ich das lieber sein. Dann schon lieber Bauchweh,
weil ich irgendeine Arbeit schreibe. „Ja, aber ich hab wirklich Bauchweh!",
habe ich zu meiner Mutter gesagt.
10 Da hat sie mir eine Entschuldigung geschrieben. Ich bin nicht zur Schule
gegangen. Mutter hat gesagt, dass ich zu Hause bleiben soll, und sie hat mir eine
Suppe gemacht und mit mir Diktat geübt. Als ich am nächsten Morgen zur Schule
gegangen bin, hab ich kein Bauchweh mehr gehabt.
Der Lehrer war auch krank gewesen. Er hatte auch Bauchweh gehabt.
15 Er sagte, er hätte was Schlechtes gegessen. Dann hat er die Arbeit mit uns allen
nachgeschrieben, und ich hab nur wenig Fehler gemacht. Seitdem hab ich kein
Bauchweh mehr vor einer Arbeit. Mutter sagt, auch Bauchweh muss man mal
haben. Man muss nur wissen, warum.

Nasrin Siege

Tempo – Tempo, dalli – hopp!

Tempo – Tempo, dalli – hopp!

Schon halb sieben, höchste Zeit!
Aus den Federn, rein ins Kleid.
Frühstück, Zähne putzen, Kuss –
tschüs, da wartet schon der Bus.

Tempo – Tempo, dalli – hopp!

Erste, zweite Stunde – Pause,
nach der vierten rasch nach Hause.
Mittagessen, Hausaufgaben,
in die Geigenstunde traben.

Tempo – Tempo, dalli – hopp!

Montag basteln, Dienstag Sport,
Mittwoch mit der Oma fort.
Freitag schwimmen, Samstag Schach,
am Sonntag mit den Eltern Krach –

Tempo – Tempo, dalli – stopp!

Halt! Genug der Hetzerei!
Einmal will ich gar nichts tun,
schön ist's, einfach auszuruhn!

Tempo – Tempo, dalli – nein!
Faul, das will ich heute sein!

Nach Gabriele Seidenschwand-Weilbach

Freunde

Es war einmal ein Kind, das war lange krank, und da seine Krankheit ansteckend war, durfte niemand es besuchen. Natürlich war das Kind sehr
5 traurig, und natürlich langweilte es sich. Doch als es sich eine Weile in seinem Zimmer umgesehen hatte, verschwand seine Traurigkeit und es langweilte sich auch nicht mehr.
10 Schließlich wurde es wieder gesund und die Kinder der Nachbarschaft durften es wieder besuchen und sie brachten Geschenke und fragten: „War es nicht schrecklich, so allein?"
15 „Aber ich war doch gar nicht allein!", sagte das Kind. „Tom Sawyer war bei mir und Huckleberry Finn und Tim Thaler und Pippi Langstrumpf und Pinocchio und Pünktchen
20 und Anton und all die anderen alten Freunde!"
Und die Kinder der Nachbarschaft, die kaum ein Buch kannten, sperrten verwundert Mund und Nase auf
25 und fragten eifersüchtig: „Aber wo sind sie denn geblieben, deine guten alten Freunde?" – „Da", sagte das Kind und lachte und zeigte auf das Bücherbrett an der Wand.

Hans Stempel + Martin Ripkens

Langes Weilchen

Bring mir den Himmel,
den Sand und das Meer.
Bring mir den Bach und den Berg.
Bring mir das Märchen vom Nix und vom Bär,
bring mir die Fee und den Zwerg.
   Das lange, lange, lange Weilchen
   dauert viel zu lang!
   Ich liege hier im Bett. Ach, wenn ich
   doch zum Spielen nur jemand hätt!

Bring mir den Wind
und den Baum und das Gras.
Bring mir das Boot und den See.
Bring mir ein Liedchen vom Fuchs und vom Has',
kitzel mich doch mal am Zeh!
   Das lange, lange, lange Weilchen …

Bring mir den Papa,
das Buch und das Schaf.
Bring mir ein Foto vom Hund.
Bring mir die Mama, den Mond und den Schlaf,
dann bin ich bald wieder gesund.
   Das lange, lange, lange Weilchen …

Dorothée Kreusch-Jacob

fünfter sein

tür auf
einer raus
einer rein
vierter sein

tür auf
einer raus
einer rein
dritter sein

tür auf
einer raus
einer rein
zweiter sein

tür auf
einer raus
einer rein
nächster sein

tür auf
einer raus
selber rein

tagherrdoktor

ernst jandl

Der Hundebiss

Personen: *Arzt und Patient*
Spielanleitung: Auf der Bühne stehen ein Schreibtisch und zwei Stühle. Der Arzt sitzt am Schreibtisch und trägt einen weißen Kittel. Der Patient kommt hereingestürmt und hält seine verbundene Hand in die Luft.

PATIENT: Herr Doktor! Herr Doktor, ein Hund hat mich gebissen!
ARZT: *(steht auf)* Na, wollen wir uns die Sache mal ansehen. Bitte setzen Sie sich. *(weist auf einen Stuhl)*
PATIENT: *(während er sich setzt)* Au, – au weh …
ARZT: *(besieht sich die Hand und betastet sie)* Tut's hier weh?
PATIENT: Au – ja! Aua, aua … das tut ganz besonders weh!
ARZT: *(beginnt den Verband am Daumen abzuwickeln)* Dann werde ich hier mal nachsehen.
PATIENT: Oh – aua – aua … Au, tut das weh …
ARZT: Beruhigen Sie sich doch! Ich wickle den Verband auch ganz vorsichtig ab!
PATIENT: Oh, aua, aua …
ARZT: *(nachdem der Verband vom Daumen abgewickelt ist)* Aber hier ist ja gar kein Biss zu sehen …

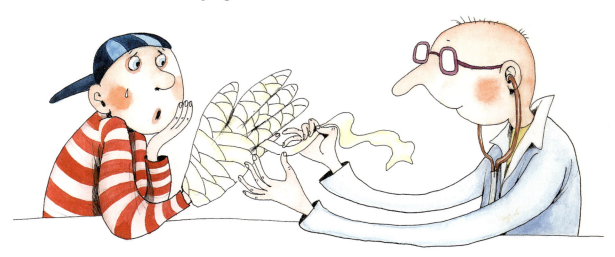

PATIENT: Dann ist es sicher der andere Finger gewesen, au – au. So helfen Sie mir doch, Herr Doktor. Ich halt das nicht mehr lange aus!

ARZT: *(beginnt, den Verband am Zeigefinger abzuwickeln)* Ja doch. Halten Sie nur ruhig …

PATIENT: Oh, tut das weh!

ARZT: Was war es denn für ein Hund, der Sie gebissen hat?

PATIENT: *(zeigt mit der gesunden Hand etwa 1,50 m vom Boden)* Sooo groß. Ein Bulle, Bulldogge oder Dogge oder so … aua! Seien Sie doch vorsichtig!

ARZT: *(hat nun den Zeigefingerverband abgewickelt)* An diesem Finger ist auch nichts zu sehen!

PATIENT: *(besieht sich seinen Finger misstrauisch)* Tatsächlich. Oh, – dann ist es der Mittelfinger. Oha – ausgerechnet der längste! Machen Sie doch schnell, Herr Doktor. Das sind solche Schmerzen …

ARZT: *(wickelt den nächsten Finger frei)* So, das haben wir gleich. Gleich wird's Ihnen besser gehen …

PATIENT: Hoffentlich. Oh – aua, aua, diese Schmerzen! *(verzieht das Gesicht)*

ARZT: *(nachdem auch dieser Finger frei ist)* Aber der Finger ist auch gesund! – Na, dann ist es sicher der nächste. Nur noch einen kleinen Moment Geduld … *(wickelt den nächsten Finger los)*

PATIENT: Oh, oh – hoffentlich überlebe ich das. Oh, – tut das weh! Verflixt …

ARZT: *(hat den Verband abgewickelt)* Na, nun kann es nur noch der kleine Finger sein. Der Ringfinger ist auch in Ordnung.

PATIENT: Der Kleine? Aua – nicht so feste! Ach, ausgerechnet der kleine Finger! Der ist doch am empfindlichsten und tut – aua – am meisten weh. Ah – oh – aua …

ARZT: *(hat nun den ganzen Verband abgewickelt, hält die Hand ans Licht und besieht sie von allen Seiten; erstaunt)* Aber da ist ja gar nichts zu sehen! Kein Biss! Ihre Hand ist vollkommen in Ordnung!

PATIENT: *(macht ein verdutztes Gesicht, hält die Hand hoch, bewegt sie vorsichtig, öffnet und schließt sie zur Probe)* Ja – tatsächlich. *(atmet erleichtert auf)* Hach – dann hat er wohl danebengebissen! *(Vorhang)*

Holger Jung

Verflixt!

Tausendfüßler
was ist los?
Fuß gebrochen
welchen bloß

Fuß gebrochen?
Je o jee
welcher tut
von tausend weh?

Anne Steinwart

Kann Musik gefährlich sein?

Michael, ein Schüler der dritten Klasse, interviewt den Ohrenarzt, Herrn Dr. Wilhelm Leis

Michael: Fast jeder zehnte Jugendliche hat einen Ohrenschaden. Wo sehen Sie die Ursachen?

Dr. Leis: Freizeitlärm und laute Musik, vor allem aus dem Walkman oder in der Disko, sind die häufigste Ursache für Ohrenpfeifen oder Tinnitus, wie es in der Fachsprache heißt.

Michael: Was kann man gegen den Pfeifton ihm Ohr tun?

Dr. Leis: Eine Heilung ist nur kurze Zeit nach der schädlichen Einwirkung des Lärms möglich. Das bedeutet, du müsstest spätestens 12 Stunden nach der Disko zum Ohrenarzt gehen. Je länger man mit der Behandlung wartet, desto weniger Chancen gibt es für eine Heilung. Nach zwei bis drei Monaten ist es bereits zu spät.

Michael: Und was kann man dann noch tun?

Dr. Leis: Dann kann man nur hoffen, dass der Tinnitus mit der Zeit leiser wird. Oder man gewöhnt sich so an das Pfeifgeräusch, dass man es kaum noch wahrnimmt. Aber man wird mit diesem Hörschaden bestimmte Berufe nicht ausüben können, zum Beispiel kann man kein Musiker werden.

Michael: Könnten die Betreiber der Disko nicht verantwortlich gemacht werden?

Dr. Leis: Leider nein. Eine Disko betritt man immer auf eigene Gefahr. Leider sehen viele Jugendliche diese Gefahr nicht. Die DJs drehen oft die Lautstärke ihrer Boxen so weit auf, dass der Lärm mit dem eines Presslufthammers vergleichbar ist. Würdest du dich freiwillig und ohne Ohrenschutz stundenlang neben einen Presslufthammer stellen?
Ich empfehle deshalb, mit Ohrenstöpseln in die Disko zu gehen.

Michael: Aber warum wollen viele Jugendliche so laute Musik?

Dr. Leis: Die Frage müsstest du den Jugendlichen selbst stellen. Laute Musik wirkt wie eine Droge, sie macht high. Man kann sich richtig damit zudröhnen und vergisst alles um sich herum.

Michael: Vielen Dank für Ihre Antworten.

Nicht hören können

Marita ist gehörlos. Sie kann nur ein ganz kleines bisschen hören. Marita hat ein Hörgerät hinter dem Ohr. So kann Marita noch ein bisschen mehr hören. Aber sie hört längst nicht alles so wie ein Kind, das hören kann.

In Maritas Klasse können alle nur ein bisschen hören. Alle Kinder sitzen im Kreis, damit sie sich sehen können. Das ist wichtig, denn sie sprechen mit dem Mund und mit den Händen. Es gibt für jeden Buchstaben, aber auch für viele Wörter ein Zeichen.

Das Sprechen mit der eigenen Stimme fällt Marita schwer, denn sie kann ja nicht hören. Vor dem Spiegel übt sie. Sie spürt mit der Hand, dass sich im Hals der Kehlkopf bewegt.

Und wie unterhält sich Marita mit Papa und Mama? Und mit ihren Geschwistern? Auch sie können mit den Händen sprechen. Die Sprache der Hände ist die Gebärdensprache.

Lydia van Andel

So im Schatten liegen möcht ich

So im Schatten liegen möcht ich
und den Vögeln zusehen,
wie sie mit dem Wind ihre
Pfeilspiele treiben.
In die weißen Wolken schaun
und sie bei ihren
Verwandlungskünsten ertappen.

So im Schatten liegen möcht ich
und eine Raupe bei ihrem
Mittagessen betrachten
und ihre Borsten zählen.
Die zitternden Grashalme ansehn
und beobachten,
wie sie ihre Samen fallen lassen.

So im Schatten liegen möcht ich
und spüren,
wie mir die Sonne
an den Beinen hochklettert.
Zusehn,
wie sich die Katze
gründlich wäscht,
und versuchen,
ob ich aus ihrer Sicht
die Welt betrachten kann.

Erwin Moser

In Dunkelheit unterwegs

„Hallo Helga! Wie geht es dir? Du hast übrigens deine Armbinde vergessen!"
Ich kann gerade noch „Danke, Daniel!" rufen, da höre ich schon, wie er
die Türe aufmacht, die kurz darauf ins Schloss fällt. Daniel hatte es
offensichtlich eilig. Ich kenne ihn an seiner Stimme und an seinem Gang.
5 Daniel wohnt im Nachbarhaus und ist immer sehr nett zu mir.
Ich habe die Binde nicht vergessen. Ich mag sie nicht, denn da spüre ich,
wie mich fremde Leute oft neugierig anstarren. Manchmal meine ich,
sie mögen mich nicht, weil ich blind bin.
Heute gehe ich alleine zum Bäcker. Ich kenne den Weg ganz genau.
10 Ah, da fährt Herr Schmidt mit seinem neuen Auto aus der Garage.
Der Motor klingt ganz anders als der des alten Autos.
Nanu, was zerrt denn da plötzlich an meinem Stock?
Vorsichtig schwinge ich ihn von einer Seite auf die andere.
Wieder wird der Stock leicht gebremst. Es ist, als ob jemand daran
15 ziehen würde. Ich fühle etwas Weiches, das sich bewegt. Jetzt weiß ich es:
Das ist Minka, unsere Nachbarskatze. Sie will mit meinem Stock spielen.
Wo ist sie jetzt?
Ich spüre sie nicht mehr! Ich gehe zwei Schritte nach links
und schwinge den Stock sorgfältig hin und her. Minka ist
20 weg. Schade.
Plötzlich höre ich ein grelles Klingeln. Ich zucke zusammen
und erschrecke furchtbar. „Schau, dass du vom Radweg
kommst!", brüllt mich ein wütender Radfahrer an und
saust vorbei. Vor Fahrrädern habe ich Angst. Sie
25 bewegen sich meist so leise, dass ich sie kaum höre.
Rasch gehe ich wieder einige Schritte nach rechts.
Jetzt fühle ich Steinplatten unter meinen Füßen. Meine
Aufregung ist vorbei. Ich taste mich langsam weiter.
„Wäre es nicht doch besser, ich würde die
30 Blindenbinde an den Arm tun?", schießt es mir
durch den Kopf. Da rieche ich frisches
Brot. Die Bäckerei ist ganz nahe.

83

Ich bin so gemein gewesen

Ich heiße Anne. Ich sitze in der Schule neben Carola. Früher war sie meine Freundin. Wir haben uns fast jeden Nachmittag getroffen, bei ihr zu Hause oder bei mir. Am liebsten haben wir Theater gespielt. Wir hatten einen großen Karton mit
5 Kram zum Verkleiden, und manchmal waren unsere Mütter zum Zugucken da. Aber das ist jetzt alles vorbei, bloß wegen der blöden Brille. Und weil ich so gemein war.
Die Brille hat Carola vor zwei Wochen bekommen. Sie wollte sie nicht aufsetzen. Sie hat geweint, und ich habe gesagt,
10 dass sie sich nicht anstellen soll. „So viele Menschen tragen eine Brille", habe ich gesagt. „Sogar der Rudi Carrell! Das ist doch wirklich nichts Besonderes."
Aber als Carola mit der Brille in die Schule kam, hat Udo Hoffmann „Brillenschlange" hinter ihr hergerufen. Dieser
15 eklige Kerl! Carola hat gleich wieder geheult, und seitdem war sie in der Schule ganz anders als früher. Sie redete kaum noch. Sie hat sich auch nicht mehr gemeldet. Sie saß da und guckte auf den Tisch, sonst nichts. Nur nachmittags beim Theaterspielen war sie manchmal so lustig wie früher.
20 Bis zum vorigen Dienstag.
Am Dienstag wollten wir bei mir zu Hause „Die Prinzessin und der Schweinehirt" spielen. Ich hatte ein altes Nachthemd von meiner Mutter bekommen, oben und an den Ärmeln mit Spitzen. „Das ziehe ich als Prinzessin an", sagte ich.
25 „Nein, ich", sagte Carola. „Du warst schon so oft die Prinzessin."
„Nicht öfter als du", sagte ich, und plötzlich wurde Carola wütend. Das war noch nie passiert.
„Du willst immer Recht haben", schrie sie mich an. Da fing ich
30 auch an zu schreien.
„Das Nachthemd gehört mir!", schrie ich.
„Dann spiel doch allein mit deinem blöden Nachthemd! Du denkst wohl, mit mir kannst du alles machen!", schrie Carola,

und weil ich das so ungerecht fand und weil ich Carola eins
35 auswischen wollte, schrie ich: „Hau doch ab, du Brillenschlange."
Ich weiß noch, was für einen Schreck ich bekam, als mir das Wort herausrutschte. Am liebsten hätte ich es gleich zurückgeholt. Aber gesagt ist gesagt.
40 Carola starrte mich an. Sie war ganz still. Sie nahm ihre Sachen und ging.
Und nun redet sie nicht mehr mit mir. Sie guckt an mir vorbei, als ob ich nicht da bin.
Ich möchte ihr gern etwas sagen. „Es tut mir leid", möchte ich
45 sagen. „Ich war so gemein. Ich will es nie mehr tun. Vertrag dich wieder mit mir."
Doch wenn ich mit Carola reden will, dreht sie sich um und geht.

Irina Korschunow

Ich schiele

Ich schiele.
Das macht den anderen Spaß.
Manchmal
klebt mir der Arzt ein Heftpflaster
über das linke Brillenglas.
Das mögen die Kinder in meiner Klasse
besonders gern.
Dann lachen sie besonders laut.
Und am lautesten lacht der Karli.
Der lacht dann so viel und so laut,
dass die anderen gar nicht merken,
dass er noch viel mehr schielt als
ich.

Christine Nöstlinger

Werkstatt

Ich freu mich an der Sonne

Ein Vogel zwitschert.
Ich freu mich an der Sonne,
träume vom Fliegen.
          Ina

Kein Zahn ist locker,
keiner hat ein Loch, nur bald
naht die Zahnspange.
          Maria

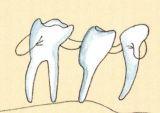

Diese Gedichte nennt man HAIKU.
Meistens handeln sie von einer kleinen Beobachtung in der Natur,
einem Augenblick, an dem du dich wohl fühltest,
oder von einem Erlebnis, das dir wichtig erscheint.
Ein HAIKU besteht aus drei Zeilen und insgesamt 17 Silben,
die so aufgeteilt sind: 1. Zeile – 5 Silben
                             2. Zeile – 7 Silben
                             3. Zeile – 5 Silben

So kann ein HAIKU entstehen.

Bin
~~Ich liege~~ im Wasserbett.
ich träume ~~darin~~ große Wellen,
die mich ~~weit~~ wegtragen.
          Anne

Diese Zeilen können dir helfen:

Arme ausbreiten …
Ein Sonntagmorgen …
Hell leuchtet ein Stern …

Bei uns und anderswo

Dein Auge kann die Welt
trüb oder hell dir machen,
wie du sie ansiehst,
wird sie weinen oder lachen.

Friedrich Rückert

Der Mittelpunkt Bayerns

München, die Landeshauptstadt Bayerns, ist etwa 850 Jahre alt. Der **Marienplatz** in München ist das Herz der Stadt. Bis vor etwa 140 Jahren wurde hier Markt abgehalten. Deshalb hieß der Platz damals Schrannenplatz[1]. Hier kreuzten sich zwei wichtige Handelsstraßen von Süden nach Norden und von Osten nach Westen. Täglich rumpelten viele schwer beladene Kaufmannswagen und Bauernfuhrwerke durch die engen Gassen. Waren aus aller Welt kamen in die Stadt.

Auf diesem Platz fanden aber auch Ritterturniere statt, Kaiser wurden festlich empfangen und Fürstenhochzeiten prunkvoll gefeiert.

Mitten auf dem Platz ließ vor ungefähr 360 Jahren der Landesfürst Maximilian die **Mariensäule** errichten. Sie ist seitdem der Mittelpunkt Bayerns: Alle von München ausgehenden Straßen werden von hier aus vermessen. Wenn du irgendwo auf der Welt auf einem Schild liest, 1074 km bis München, dann ist das die Entfernung bis zur Mariensäule.

Die Säule ist 11 Meter hoch und mit Bildwerken geschmückt. Vier Engelskinder, Putten, bekämpfen die Hauptübel der alten Zeit, die als Figuren dargestellt sind: den Hunger als Drachen,

den Krieg als Löwen, den Unglauben als Schlange und die Pest als Basilisk, ein Untier mit tödlichem Blick.

Das **Neue Rathaus** wurde vor etwa 100 Jahren erbaut. Auch an seiner Fassade kannst du unzählige Figuren aus Stein entdecken. Sie stellen Herzöge, Fürsten und Könige, Heilige und Sagengestalten, Fabelwesen und Wappen dar.

Der Rathausturm ist 80 Meter hoch. Obenauf erkennst du das Münchner Kindl. Das ist das Abbild eines Benediktinermönchs. Die Stadt München hieß in ihren Anfängen „Munichen", das bedeutet „bei den Mönchen". Das Münchner Kindl ist das Stadtwappen Münchens.

[1] Schranne: Markt

In der ganzen Welt berühmt ist das **Glockenspiel** mit seinen 43 Glocken. Täglich um 11 Uhr schlägt der rechte Glockenschläger, der dort oben steht, viermal mit dem Hammer gegen die vor ihm angebrachte Glocke. Der linke Glockenschläger folgt ihm mit den elf Stundenschlägen. Danach tritt ein Zug vornehmer Menschen auf, die kostbare Gewänder tragen. Ein Herzog und eine Herzogin mit ihren Hofmarschällen schauen einem Turnier zu, das von zwei Rittern geführt wird. Neben ihnen sieht man zwei Hofnarren, vier Fanfarenbläser, zwei Standartenträger[2] und zwei Pagen[3]. In der Etage darunter tanzen acht Schäffler und ein Hanswurst den Schäfflertanz. Anschließend kräht der Hahn dreimal sein „Kikeriki" und ein Nachtwächter mit seinem Hund macht die Runde. Wie von einer Posaune geblasen ertönt der Nachtwächterruf.

Nach einer kleinen Weile erklingt ein wunderschönes Glockenspiel und aus dem rechten Erkertürmchen bewegt sich von rechts nach links das Münchner Kindl in eine Mönchskutte gehüllt. Ihm folgt ein Schutzengel, der die eine Hand über ihn hält und in der anderen einen Palmwedel schwenkt.

Die obere Figurengruppe stellt die Hochzeit von Renata von Lothringen und Herzog Wilhelm V. im Jahre 1568 dar, die auf dem Marienplatz drei Wochen lang gefeiert wurde.

Die tanzenden Schäffler sind Handwerker, die Fässer und andere Gefäße aus Holz herstellen. Sie tanzten 1517 nach einer furchtbaren Pestepidemie über den Marienplatz um den verängstigten Bürgern neuen Lebensmut zu geben.

Elke Barten
„München auf kleinen Füßen"

[2] Standarte: kleine Flagge; [3] Page: Diener

Meine Stadt

Meine Stadt hat hundert Türme, Brücken, Bogen, Treppen, Gänge. Meine Stadt ist lichtumwoben, schattendunkel, weit und enge. Gassen führen hin zu Plätzen, Bäume wiegen sich im Wind, Brunnen plätschern, Leute lachen, eine Mutter ruft ihr Kind. Meine Stadt hat viele Tiere, Pferde, Esel, Hunde, Katzen. Mäuse piepsen nachts auf Höfen, und tags lärmen dort die Spatzen. Auf dem Marktplatz stehen Buden, bunt mit Äpfeln, Birnen, Trauben.
Meine Stadt ist geheimnisvoll. Sie hat Winkel, Ecken, Speicher, Keller. Sie hat Höhlen zum Verstecken. Sie hat Luken in den Dächern. Sie hat Mauern, Gärten, und eine Zahnradbahn hat sie auch. Die führt hinauf zum Gipfel, zum Schloss und in den blauen Himmel. Von dort flieg ich, wohin ich will …

Sophie Brandes

Es war einmal ein Haus

Es war einmal ein Haus, das war sehr klein und stand zwischen
großen Häusern. Die großen Häuser unterhielten sich oft.
Wenn das kleine Haus mitreden wollte, musste es schreien.
Das hatte das Haus bald satt und es schwieg.
Doch jetzt überfiel es die Langeweile. Schrecklich war es.
Das Haus wünschte sich, weglaufen zu können.
Es strengte sich sehr an. So sehr, dass sogar ein wenig Putz abbröckelte.
Und siehe da, es schaffte es. Es lief und lief und lief.
Als es endlich stehen blieb, merkte es, dass es auf dem Lande
zwischen lauter Häusern stand, die genauso groß waren wie es selbst.
Sie unterhielten sich sehr schön, und das Haus beschloss,
dort stehen zu bleiben.

Silke Gelbke, 11 Jahre

Wie sich ein Dorf verändern kann ...

... eine erholsame Gegend

Unser kleines Dorf liegt in einem Tal, das von bewaldeten Bergen umrahmt wird. Im Dorf gibt es nur ein paar Bauernhöfe, die Kirche und den Gasthof „Zur Linde". Sie stehen mitten in saftigen Wiesen, auf denen Kühe und Schafe weiden. Von unserem Dorf aus hat man viele Möglichkeiten zu wandern. Von den Bergen hat man eine herrliche Sicht ins Land. Auf gut ausgeschilderten Wegen findet man stets den Weg ins Dorf zurück. In unserem kleinen Dorfgasthof kann man sich von seiner Wanderung erholen und Speis und Trank zu sich nehmen. Wer die Ruhe und das Laufen liebt, findet bei uns zu allen Jahreszeiten gute Erholung.

... ein erholsamer Urlaubsort

Unser Dorf liegt mitten in einem romantischen Tal. Die angrenzenden Berge und Wälder laden zum Wandern ein. Die Wanderwege sind gut ausgeschildert. Ob anspruchsvolle Ganztagswanderungen oder leichte Spaziergänge, für jeden ist etwas dabei.
Unser Gasthof und Privathäuser bieten Zimmer zur Übernachtung an. Im Gasthof gibt es außerdem für gemütliche Stunden ein Café und eine Bar. Vor dem Gasthof finden Sie auch einen Parkplatz für PKW und Busse.

... abseits der lauten Welt die Natur entdecken

Unsere schmucke Gemeinde ist ein beliebter Ort für alle, die Ruhe und Entspannung suchen, die Natur lieben und doch auf Bequemlichkeiten nicht verzichten wollen. Sie liegt umgeben von Bergen mitten in einem romantischen Tal. Ein ausgedehntes Wegenetz lädt zum Wandern ein. Ob anspruchsvolle Ganztagswanderungen oder leichte Spaziergänge, für jeden ist etwas dabei.
In zahlreichen Ferienwohnungen, Pensionen und in unserem Gasthof sind gut eingerichtete Zimmer vorhanden. Der Gasthof „Zur Linde" bietet eine freundliche Bewirtung und eine vorzügliche Küche. Ein Café mit einer großen Terrasse und eine Bar laden auch zum Verweilen ein. Außerdem gibt es ein Hallenbad, Tennisplätze, eine Kegelbahn und eine Sauna. Fahrzeuge können direkt vor dem Gasthof oder in der Tiefgarage der Gemeinde geparkt werden.

Isolde Stangner nach einer Idee von Susi Weigel

Das Louerbürschl im Lochhamer Wald

Lochham ist heute eine kleine Stadt westlich von München, die zusammen mit Gräfelfing etwa 13 000 Einwohner hat. Vor etwa hundert Jahren aber war es noch ein kleines Dörfchen mit ungefähr einem Dutzend bäuerlicher Anwesen.

5 In dieser Zeit wurde das halbe Dorf einmal von einem verheerenden Feuer zerstört. Darüber erzählt man sich folgende Sage:

In der Nähe des Dorfes Lochham befand sich ein Wald voller prächtiger Eichen. Diese Eichen, so sagte man, würden von 10 dem Louerbürschl geschützt. Kein Mensch dürfe Hand an sie legen, sonst würde es ihm schlecht ergehen.

Ein Bauer aber dachte, was geht mich das Gerede an, ich brauche Holz. Er fällte eine der Eichen und schleppte sie mit seinem Pferdegespann nach Hause ins Dorf.

15 In gleicher Nacht brach ein gewaltiger Sturm los. Als der Bauer nach dem Rechten sehen wollte, da grinste ihn durch sein Fenster ein loderndes feuriges Gesicht an. Beherzt trat der Bauer mit einem Dreschflegel bewaffnet vor die Tür, um den ungebetenen Gast zu vertreiben. Da sah er mit Entset-20 zen, dass seine Scheune und seine Ställe in hellen Flammen standen. Rasch eilten alle Bauern des Dorfes herbei, um beim Löschen zu helfen. Aber der Sturm trug die Funken in Windeseile auch auf andere Dächer des Dorfes und fachte die Flammen immer heftiger an. Als das Feuer endlich zum 25 Erliegen kam, lag das halbe Dorf in Schutt und Asche. Seither fürchteten die Lochhamer Bauern das Louerbürschl sehr. Niemand wagte es mehr, eine Eiche zu fällen. So findet man auch heute noch im Lochhamer Wald die herrlichsten Eichen.

30 Wenn aber ein Lochhamer mal richtig wütend ist, dann hört man ihn wohl auch heute noch rufen: „Da soll doch das Louerbürschl dreinfunken!"

Das Ochsenkopfmännlein im Fichtelgebirge

Vor langer Zeit hüteten am Ochsenkopf zwei Buben und ein Mädchen eine Kuhherde. Die Buben waren Kinder wohlhabender Bauern, die Eltern des Mädchens aber waren arm. Die kleinen Kameraden erzählten sich allerlei Märlein[1], die sie von den Zwergen des Ochsenkopfes wussten.

5 Auf einmal gesellte sich zu ihnen ein graues Männlein, das aufmerksam ihren Gesprächen zuhörte. Endlich sagte es: „Ihr seid gute Kinder, darum will ich euch beschenken." Es zog aus der Tasche drei Laib Brot und reichte jedem Kinde eins.
Darauf entfernte es sich.

10 Die beiden Buben lachten über das ärmliche Geschenk und hielten es nicht wert. Der eine nahm seinen Laib und warf ihn auf die Erde. Er hüpfte in weiten Sprüngen den Berg hinab, bis er sich zwischen struppigem Gebüsch verlor. Da sprach der andere Bub im Übermut: „Halt! Mein Laib muss den deinen suchen!"

15 Und er warf ihn ebenfalls auf die Erde. Er nahm denselben Weg wie der erste.
Nun wollten die leichtsinnigen Flegel auch das Mädchen überreden, ihr Geschenk wegzuwerfen. Die Kleine aber hüllte es eilig in ihr Schürzchen und sprach: „Wie wird es meine guten Eltern
20 freuen, wenn ich ihnen etwas mit nach Hause bringe!"
Als sie nun heimkam und das Brot aufschnitt, fand man einen schweren Klumpen Gold darin, und Reichtum zog in die armselige Hütte ein, wo bisher so großer Mangel geherrscht hatte. Als die beiden Buben von dem Glück ihrer kleinen
25 Freundin hörten, eilten sie zurück, um die verschmähten Geschenke des grauen Männleins zu suchen.
           Sie fanden sie aber nicht wieder.

Alfons Schweiggert

Alfons Schweiggert
„Bayerische Märchen"

[1] Märlein: Märchen

Werkstatt

Märchen und Sagen

In alter Zeit, als es noch keine Zeitungen und kein Fernsehen gab, erzählte man sich wichtige Ereignisse auf dem Marktplatz, in der Schenke, am Brunnen oder in der Spinnstube. Jeder Erzähler war bemüht, so anschaulich und spannend wie möglich zu erzählen. Da kam es wohl schon vor, dass manches hinzugefügt und übertrieben wurde.

Da man sich viele Naturereignisse noch nicht erklären konnte, wurden auch Fabelwesen erfunden und Zwerge, Hexen und Gespenster spielten eine Rolle.

Ihr könnt euch auch selber eine Sage ausdenken.
- Wo geschah das Ereignis?
- Was geschah?
- Wer war beteiligt?
- Wie ging die Sache aus?
- Wie sieht der Ort heute aus?

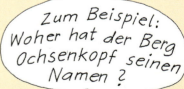

Wo treffen wir uns?

Mir wär es recht
im Storchennest
so ungefähr
nordsüdostwest

Oder – vielleicht
beim Mann im Mond?
Ich hab gehört
die Aussicht lohnt

Von mir aus
auch im fremden Land
auf Kaktus zwölf
im Wüstensand

Ob Kaktus oder
Storchennest
ob hüben oder drüben –
mit dir treff
ich mich überall –
auch zwischen
Kraut und Rüben!

Anne Steinwart

Reisen

Fliegen möcht ich, dorthin schweifen,
wo die goldnen Äpfel reifen,
wo ein anderer Himmel lacht,
wo voll Kakadus und Ziegen
Papageieninseln liegen,
nur von Robinson bewacht;
wo im fernen Orient
glastend[1] heiß die Sonne brennt,
wo die Städte mit Moscheen
in den weißen Wüsten stehn;
wo China hinter Mauern liegt,
an die der Staub der Wüste fliegt;
wo die Dschungel, heiß wie Feuer,
riesig sind und ungeheuer;
wo das knotige Krokodil
liegt und glänzt im Flusse Nil,
der Flamingo, rosarot,
Fische fängt fürs Abendbrot;
wo im Urwald, weltvergessen,
Tiger sind, die Menschen fressen.
Fliegen möcht ich, dorthin fliegen,
wo versunkne Städte liegen,
wo vor Hunderten von Jahren
Kinder, Diener, Prinzen waren,
wo kein einzig' Licht mehr lacht,
wenn herniedersinkt die Nacht.
Ach, ich möchte dahin, dahin
mit der Karawane ziehn,
möcht aus Trümmerhaufen graben
Spielzeug von Ägypterknaben!

Robert Louis Stevenson
Übersetzung von James Krüss

[1] *glastend: glänzend, glühend*

Weltreise durchs Zimmer

Ihr bindet einen Schleier vors Gesicht
Und sagt: ihr müsstet unbedingt verreisen
Nach Madagaskar, Schottland oder Meißen.
Wohin, ist Wurst. Nur bleiben dürft ihr nicht.
In eine Tüte stopft ihr dann den Pass,
Den Kragenschoner und die Kleiderbürste,
Ein Bügeleisen und zwei Leberwürste,
Und in die Zwischenräume irgendwas.
Dann seid ihr reisefertig, und ihr müsst
Den Tisch behutsam auf den Rücken legen.
Und ihr besteigt das Schiff der Abfahrt wegen,
Wobei ihr Herta, die nicht mitfährt, küsst.
Dann schifft ihr fort. Das Tischtuch weht im Wind.
Der Teppich schlägt mit Hertas Hilfe Wellen.
Ihr stoßt auf Rom und kreuzt die Dardanellen,
Wo wilde Völkerstämme üblich sind.
Das Seekrankwerden lasst ihr besser sein.
Es ist nicht leicht und ruiniert die Sachen.
Ihr braucht die Reise nicht so echt zu machen
Und lauft dann schnell in Madagaskar ein.
Das Sofa stellt den Felsenrücken dar.
Dort könnt ihr (wenn die Eltern fort sind) stranden,
Sonst ist es klüger, ungestört zu landen.
Am Ufer schreit ihr laut: Wie wunderbar!
Wenn ihr dann eine Zeit lang fröhlich wart,
Vom Vertiko[1] herab auf Löwen zieltet
Und Mutters Zopf für eine Schlange hieltet,
Geht ihr zum Tisch, auf dem ihr heimwärts fahrt.
Zu Haus erzählt ihr, wie es euch gefiel:
Erzählt von Sonnenstich und Menschenfressern,
Von Nasenringen, Gift und krummen Messern –
Doch das ist eigentlich ein neues Spiel!

Erich Kästner

[1] *Vertiko: kleiner Schrank*

Blinde Kuh auf chinesisch

Die chinesischen Kinder nennen dieses Spiel: *Mit der Hand fischen*. Dazu grenzen sie als Erstes ein Spielfeld ein. Dann bestimmen sie ein Kind zum Fischer. Dem Fischer werden die Augen verbunden. Die anderen spielen die Fische.

Der Fischer streckt seinen Arm aus und hält dabei seine Handfläche nach unten. Die Fische necken nun den Fischer, indem sie mit den Zeigefingern von unten gegen seine Hand stupsen. Der Fischer versucht, einen Zeigefinger zu greifen. Erwischt er den Fisch, so muss er noch erraten, wie das Kind heißt. Rät er richtig, tauscht er mit dem Kind die Augenbinde.

Das Spiel läuft aber nur innerhalb der umgrenzten Spielfläche ab, dem Meer. Kein Fisch darf es verlassen. Tappt der blinde Fischer darüber hinaus, rufen ihn die Fische zurück.

Um das Spiel noch spannender zu machen, kann der Fischer sagen: „Das Wasser steigt." Worauf die Fische nur noch auf Zehenspitzen laufen. Sagt der Fischer aber: „Das Wasser sinkt", dann dürfen sich die Fische nur in der Hocke bewegen.

Matthias Mala

Paul Gauguin
Bretonische Mädchen
beim Tanz
1888

Tanzen – das bedeutet, seinen Körper im Rhythmus der Musik zu bewegen. Früher tanzten die Menschen, um ihren Göttern zu gefallen. Heute tanzen wir ganz einfach, weil es uns Spaß macht. Die Leute tanzen so, wie sie es wollen – entweder als Paar oder allein mit selbst erfundenen Schritten.

Nasentanz

Für dieses Tanzspiel sucht sich jedes Kind einen Tanzfreund. Mit ihren Nasen halten die beiden einen Ballon fest. Aber vorsichtig sein, damit er nicht wegfliegen kann! Die beiden Tänzer können sich durch den Ballon ganz in Rosa, Grün oder Himmelblau sehen. Zu ruhiger Musik wird nun getanzt.

Dorothée Kreusch-Jacob

Steffi und Aischa

Am Sonntagnachmittag klingelt es bei Steffis Eltern an der Haustür. Steffi macht auf. Aischa steht draußen, neben ihr ein fremder Junge.
„Hallo Aischa", sagt Steffi. Sie deutet auf den Jungen.
5 „Wer ist das? Gehört er zu dir?"
„Das ist Jussuf", sagt Aischa. „Er hat mitgekommen."
„Komm doch rein, Aischa!"
Jussuf geht ganz selbstverständlich hinter den beiden Mädchen her ins Haus. Steffi denkt: „Warum kommt er
10 einfach mit rein? Er ist doch gar nicht eingeladen!"
Sie ist ein bisschen ärgerlich. Am liebsten würde sie ihn wieder wegschicken. Er ist bestimmt zwei Jahre älter als sie und Aischa. Soll sie etwa den ganzen Nachmittag mit diesem Jussuf spielen? Da kommt Steffis Vater dazu. Er schüttelt
15 Aischa die Hand und sagt: „Das ist also Aischa, die Freundin von unserer Steffi. Und wer ist der junge Mann?"
„Das ist mein Bruder Jussuf", sagt Aischa.
Steffi hofft, dass Papa den großen Jungen wieder wegschickt. Aber er schüttelt auch ihm die Hand und sagt: „Guten Tag,
20 Jussuf, komm nur rein!" Zuerst zeigt Steffi ihrer Freundin das Kinderzimmer. Jussuf geht mit den beiden Mädchen nach oben, bleibt verlegen in der Tür stehen und guckt zu.

Aischa sitzt neben Steffi und staunt: „So viele Sachen!",
sagt sie. „Das gehört alles dir? Du hast ein Bett für dich allein
25 und du hast sogar Schreibtisch!"
„Natürlich", sagt Steffi. „Wo soll man denn sonst seine Hausaufgaben machen?"
„Na, am Küchentisch", sagt Aischa.
„Und was meinst du mit Bett für mich allein?", fragt Steffi.
30 „Das versteh ich nicht."
„Bei mir schläft kleine Schwester Fatima mit im Bett", sagt
Aischa. „Wir haben nicht so viel Platz."
„Kann man denn da schlafen, mit noch jemandem in seinem
Bett?", fragt Steffi.
35 „Ja, kann man", sagt Aischa. „Ist manchmal schön. Wir können
Geschichten erzählen vor dem Einschlafen und Witze machen."

Später grillt Steffis Vater für alle draußen im Garten.
Papa legt auf jeden Teller zwei gegrillte Würstchen, eine
Grilltomate und eine Scheibe Brot.
40 Als Aischa in ihr Würstchen beißen will, sagt Jussuf etwas in
seiner fremden Sprache.

Aischa legt das Würstchen wieder zurück und isst nur die Grilltomate. Ihr Bruder macht es genauso.
Später, als die beiden wieder gegangen sind, sagt Mama:
45 „Ich glaube, wir hätten keine Schweinsbratwürste grillen sollen. Soviel ich weiß, dürfen sie doch kein Schweinefleisch essen."
„Du hast Recht. Daran hab ich nicht gedacht."
Am Sonntag darauf ist Steffi bei Aischas Familie eingeladen.
50 Als sie dort ankommt, stellt Aischa ihr erst mal die ganze Familie vor: „Das ist mein Vater, meine Mutter, die kennst du schon, meine Oma, das ist Jussuf ..."
„Jaja, den kenn ich auch schon", sagt Steffi und gibt ihm zögernd die Hand.
55 „Das ist kleine Schwester Fatima und große Schwester Leila", sagt Aischa. „Jetzt kennst du alle."
„Seid ihr aber viele!", sagt Steffi. „Gut, dass ihr so einen großen Tisch habt. Unserer ist viel kleiner. Wir sind ja auch nur drei."
60 Wenn Steffi sich jetzt vorstellt, dass sich die große Familie an den großen Küchentisch setzt und anfängt zu essen, hat sie sich getäuscht. Denn erst mal machen sich alle auf den Weg.
„Wir essen draußen", sagt Aischa als Erklärung.
Alle gehen zu einer Wiese zwischen den Brücken am Fluss.
65 Steffi muss sich erst daran gewöhnen, dass es keinen Tisch gibt. Aber gemütlich ist es schon, auf einer Wiese zu essen.

104

Das alles gibt es:

Steffi ist Gast. Sie darf sich von allem als Erste nehmen.
Dann werden die Männer bedient, zuletzt kommen die
Mädchen an die Reihe. Nach dem Nachtisch dürfen Aischa
und Fatima mit Steffi spazieren gehen.
„Aber nur auf der Wiese, wo man euch sehen kann", ruft
Jussuf ihnen nach.
Als sie so weit weg sind, dass Jussuf sie nicht mehr hört, sagt
Steffi: „Dein Bruder spielt sich ganz schön auf! Das mit den
Männern und Frauen bei euch finde ich sowieso doof..."
Aischa guckt erstaunt. „Was ist doof?", fragt sie.
„Bei euch kriegen die Männer immer zuerst", erklärt Steffi.
„Ist eben so", sagt Aischa.
„Das ist ungerecht", sagt Steffi. „Bei uns werden immer zuerst
die Frauen bedient."
„Aha. Und das ist gerecht, ich verstehe", sagt Aischa und
lacht. Da muss auch Steffi kichern.
„Na ja, jedenfalls ist es so herum besser", sagt sie.

Paul Maar / Verena Ballhaus

Paul Maar
„Neben mir
ist noch
Platz"

Tante Dabbelju fährt in den Zoo

Tante Dabbelju wollte in den Zoo fahren. Der große Koffer war schon gepackt.
Sie rief ihren Mann, Herrn Dabbelju, der sollte den Koffer schließen.
„Der Koffer ist zu voll", sagte Herr Dabbelju. „Ich kriege den Deckel nicht zu."
„Nimm etwas raus", sagte Tante Dabbelju. „Aber nichts, was ich nötig brauche."
5 Onkel Dabbelju wühlte im Koffer. „Brauchst du den Bademantel, den Strandanzug, die Sonnenbrille und den Strohhut?"
„Nein", sagte Tante Dabbelju, „ich fahre doch nicht ans Schwarze Meer."
Also raus damit.
Der Koffer war immer noch sehr voll.
10 „Brauchst du den Parka, die Strickmütze, die Fausthandschuhe und den Wollschal?"
„Nein", sagte Tante Dabbelju, „ich fahre doch nicht zum Wintersport."
Also raus damit.
Jetzt war der Koffer halb leer.
Tante Dabbelju holte einen kleinen Koffer vom Schrank und packte um.
15 Aber Onkel Dabbelju kriegte wieder den Deckel nicht zu. „Brauchst du die Kniehose, die Nagelschuhe und den Anorak?"
„Nein", sagte Tante Dabbelju, „ich will doch keine Berge besteigen."
Also raus damit.
Jetzt war der Koffer halb leer.
20 Tante Dabbelju holte die Reisetasche vom Schrank und packte um.
Aber der Reißverschluss ging nicht zu.
„Brauchst du den Morgenrock, das Nachthemd, die Pantoffeln, die Zahnbürste und die Seifenschale?"
„Nein", sagte Tante Dabbelju, „ich will doch nicht bei den Affen übernachten."
25 Also raus damit.
Die Tasche war halb leer.

Tante Dabbelju holte ihre Stadthandtasche und packte um.
Aber der Schnapper schnappte nicht zu.
„Brauchst du die Schreibmappe, das Tintenfass und das Adressbuch?"
30 „Nein", sagte Tante Dabbelju, „es lohnt nicht, dir zu schreiben. Ich bin ja heute Abend zurück."
Also raus damit.
Jetzt war die Stadthandtasche halb leer.
Tante Dabbelju holte eine Einkaufstüte und packte um. Die Tüte platzte beinah.
35 „Brauchst du die trockenen Brötchen, die Mohrrüben, die Erdnüsse
und die Bananen?"
„Aber ja!", rief Tante Dabbelju. „Ich will doch die Affen füttern."
„Füttern ist nicht erlaubt", sagte Onkel Dabbelju. „Stell dir vor, hundert oder zweihundert Tanten bringen Brötchen, Mohrrüben, Erdnüsse und Bananen
40 mit. Dann sind die Affen morgen krank oder sie haben sich totgefressen."
„Gut", sagte Tante Dabbelju, „dann esse ich die Sachen eben selber."
Und sie stopfte sich alles in den Mund: die trockenen Brötchen, die Mohrrüben, die Erdnüsse und die Bananen. Jetzt war die Tüte leer.
Also weg damit.
45 „Du musst zum Bahnhof!", rief Onkel Dabbelju. „In einer Viertelstunde fährt der Zug nach Hannover."
„Meine Güte!", jammerte Tante Dabbelju. „Wo stecke ich jetzt die Fahrkarte hin und die Eintrittskarte zum Zoo?"
„In die Manteltasche", rief Onkel Dabbelju und drängte die Tante zur Tür.
50 Die Tante rannte los im Schweinsgalopp. Wir wollen hoffen, dass sie den Zug erwischt hat. Sonst fängt morgen alles wieder von vorne an.

Hanna Hanisch

Fiftifeif und Twentifor

Der eine heißt Fiftifeif, der andere Twentifor. Leute, die so heißen, trifft man nicht in Bonn, nicht in Bern und nicht in Klagenfurt. Unter uns gesagt, die beiden leben überhaupt nicht hier, sondern auf einem ganz anderen Planeten. Dort
5 war auch sonst einiges anders. Zum Beispiel hatte dort jeder eine besondere Fähigkeit.
Was Fiftifeif betrifft, so war er gut im Hüpfen. Er schaffte es spielend – aus dem Stand! –, über den dreistöckigen Wohnblock zu hüpfen, in dem er wohnte.
10 Eines Tages im Oktobruar (so heißt der Monat, in dem es sehr viel regnet, ungefähr so viel wie bei uns im Februar-März-April) stand Fiftifeif hinterm Haus und wollte auf die Vorderseite. Also ging er kurz mal in die Knie und schnellte sich hoch.
15 Dort, wo er drüben landete, war zufällig eine Riesenpfütze und neben dieser Pfütze stand zufällig Twentifor. Als die Fontäne sich legte, sah man Twentifor wieder. Er stand da wie ein begossener Pudel.
Twentifor: „Warte, Schuft! Dir reiße ich gleich sämtliche
20 Nasen und Ohren aus!"
Fiftifeif wartete natürlich nicht, sondern hüpfte aus dem Stand zurück. Aber Twentifor kann auch etwas! Twentifor ist Meister im Kurvenrasen. Fiftifeif kommt eine knappe Sekunde früher drüben an. Twentifor versucht eine Vollbremsung, doch
25 der Zusammenstoß ist unvermeidlich. Nun saßen beide auf der Erde. Kleine Besinnungspause. Dann erhoben sie sich wieder.
„Übrigens", sagte Twentifor, „das vorhin, das hab ich nur so im Spaß gesagt."
30 „Ach so", sagte Fiftifeif. Und dann plaudern sie noch ein wenig miteinander, ich glaube, über ein Match, das gestern stattgefunden hatte. Das alles hätte bei uns nicht passieren können.

Josef Guggenmos

Die Zeit vergeht

Gib mir Zeit

Gib mir Zeit, zu mir zu kommen,
auch wenn die anderen längst schon
da sind.

Gib mir Zeit, eine Antwort zu finden,
auch wenn die anderen längst schon
Bescheid wissen.

Gib mir Zeit, zu verstehen,
auch wenn die anderen längst alles
verstanden haben.

Gib mir Zeit, langsam zu sein,
auch wenn die anderen längst schon
am Ziel sind.

Peter Schiestl

Liebe Tante Alice!
Nun bin ich schon groß und gehe zur Schule. Die Schularbeiten sind nicht schlimm. Dafür erzählt uns die Lehrerin viele schöne Geschichten von Adam und Eva im Paradiesgarten. Grüße Großvater und Großmutter von Herzen
              Dein Neffe Fritz

Adam und Eva

Albrecht Dürer
Adam und Eva
Kupferstich 1504

Den ersten Menschen, den Gott erschuf, nannte er Adam.
Und für Adam ließ er einen wunderschönen Garten wachsen, der hieß Eden.
Vier große Flüsse bewässerten ihn, und es wuchsen hier allerlei Blumen
und Bäume mit köstlichen Früchten. In der Mitte des Gartens Eden aber standen
zwei ganz besondere Bäume: der Baum des Lebens und der Baum der Erkenntnis
von Gut und Böse. „Von allen Bäumen im Garten Eden darfst du Früchte essen",
sprach Gott zu Adam. „Nur nicht vom Baum der Erkenntnis von Gut und Böse.
Wenn du das tust, dann musst du sterben!"
So lebte Adam im Garten Eden mit den Tieren und gab ihnen allen ihren Namen.
Aber Adam war einsam. Deshalb schuf Gott ihm eine Frau, die mit ihm leben sollte.
Ihr Name war Eva, das bedeutet Leben.

Ann Pilling

Uroma erzählt von ihrer Schulzeit

„Weißt du, Susanne, früher, als ich zur Schule ging, da war alles ganz anders."

„Wie denn? Erzähl mal, Uroma!"

Schönschreiben war das schlimmste Fach für mich, erinnert
5 sie sich. Wir brauchten zum Schreiben in das Schönschreibheft einen Federhalter, in den wir eine spitze Stahlfeder steckten. In einem kleinen Fach des Griffelkastens mussten verschiedene Federn bereitliegen.

Der Lehrer verteilte die Hefte und wir steckten die kleinen
10 Stahlfedern in die Federhalter. Dann ging alles nach dem Kommando des Lehrers:

„Federhalter in die Rille des Tisches legen!"

„Heft aufschlagen!"

„Hände gefaltet auf den Tisch legen!"

15 „Zur Wandtafel schauen!"

Der Lehrer malte langsam einen Buchstaben an die Tafel.

„Buchstaben mit dem Finger in die Luft malen!"

„Tintenfass öffnen!"

Wir öffneten die kleinen Klappen auf unseren Schultischen.
20 Darunter stand das Tintenfass, das der Lehrer vor dem Unterricht mit Tinte gefüllt hatte.

„Feder vorsichtig eintauchen!"

„Zwei Reihen schreiben!"

Wer zwei Reihen von dem Buchstaben ins Heft geschrieben
25 hatte, legte den Federhalter in die Rille, setzte sich kerzengerade in die Bank und legte die Hände gefaltet auf den Tisch.

Dann begann das gleiche Spiel mit einem neuen Buchstaben. Beim Schreiben durfte kein Strich danebengehen.
30 Jeder Bogen, jedes Häkchen musste die richtige Größe haben. Kein Buchstabe durfte aus der Reihe tanzen und alle Abstände mussten gleich groß sein.

Ich umklammerte meinen Federhalter immer so fest wie

einen Besenstiel. Kein Wunder, dass nach kurzer Zeit meine
Hand anfing zu zittern und die Buchstaben unter und über
die Zeilen rutschten!

Einmal passierte mir etwas Schreckliches. Ich tauchte die
Feder zu tief in das Tintenfass. Statt eines schöngeschwungenen Buchstabens entstand zwischen den Zeilen ein
kleiner Tintensee, der sich immer weiter ausdehnte, bis er
ein richtiger dicker Tintenklecks war. Ich starrte entsetzt
auf die Bescherung, und in meiner Not warf ich schnell
das Löschpapier darauf.

Aber o Schreck! Aus dem runden Klecks wurde eine gewaltige schwarze Gewitterwolke. Und das Gewitter kam dann
auch wirklich. Am Schluss der Stunde, als der Lehrer unter
jede Schriftseite eine Zensur geschrieben hatte, stand in
meinem Heft groß, rot und unterstrichen: „Mangelhaft",
und darunter: „Schäm dich, du Schmierfink!"

Ilse Bintig

Hätte Uroma damals einen Füller besessen, der Klecks wäre ihr vielleicht erspart geblieben.

Füller gab es schon vor mehr als 1000 Jahren. Doch erst seit etwa 40 Jahren ist es bei uns selbstverständlich, einen Füller zu haben. Vielleicht wird es in wiederum 40 Jahren selbstverständlich sein, dass jedes Schulkind einen Computer hat, oder?

Die Stele aus dem Jahr 660 vor Christus zeigt den assyrischen König Assurbanipal.

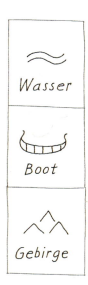

Der Tempelschreiber

Gandur sitzt auf einer Lehmbank vor dem Haus der Tempelschreiber. Eifrig ritzt er Zeichen in eine Tontafel, die wie Boote aussehen. Manchmal blickt er sinnend zu einigen Frauen hinüber. Sie arbeiten an einer Schmuckwand des Opferhofes.
5 In den noch frischen Putz der Lehmziegelmauer drücken sie fingerlange Stifte aus gebranntem Ton ein: weiße, rote, schwarze, dicht nebeneinander. Ein ebenso schönes Zickzackmuster entsteht, wie es das Tempelheiligtum und die Pfeiler der Halle ziert.
10 Schön findet Gandur den farbigen Schmuck und wohl

geordnet wie alles im Tempel. Schon kennt er so viele Schriftbilder, wie zwei Tage Stunden haben.
Und zu zählen versteht er so weit, wie ein Jahr Tage besitzt.
Er ist glücklich über seine Arbeit. Nur eins bedrückt ihn. Adita
15 und Rini leben nicht bei ihm. Sie arbeiten in der Spinnerei und
dürfen das Haus der Tempelschreiber nicht betreten.
Er aber muss stets zum Schreibdienst bereit sein. Jetzt wartet
er auf Anos.
Das ist der oberste Schreiber, der außerdem die Tontafeln
20 und Rollsiegel des Tempels verwahrt.
„Die Schiffe treffen ein", sagt Anos beim Kommen.
„Sie bringen Zedernholz aus dem Land der weißen Berge.
Begleite mich zum Hafen!"
Bald steht Gandur mit Anos am Euphrat. Das Flusswasser
25 füllt hier ein riesiges Becken, das von drei Lehmziegelmauern
begrenzt wird. Die Schiffe gleiten stromabwärts und treiben
gemächlich in das Hafenbecken hinein.
Tief atmet Gandur den Geruch der mit Pech abgedichteten
Schiffe und den würzigen Duft des Zedernholzes ein.
30 Schade, dass Aditi und Rini nicht hier sind, denkt er. Sie liefen
immer zum Hafen, wenn die Boote mit Bauholz ankamen.
Und sie winkten lange, wenn sie mit Korn, Tierhäuten oder
Wolldecken beladen abfuhren.
„Schreib auf, dass zweimal sechs Schiffe landeten. Und setze
35 dahinter dein neues Schriftzeichen für *großes Boot*", sagt
Anos. Später zählen die beiden Schreiber das Zedernholz.
„Die Balken sind für das Dach des neuen Tempels bestimmt",
sagt der Priester. Lastträger wuchten die Stämme zu zweirädrigen Karren. Dann ziehen starke Ochsen die quietschen-
40 den, plumpen Fahrzeuge über den Lehmweg zum Bauplatz.
Es dunkelt schon. Anos und Gandur tragen die beschriebenen
Tontafeln zum Schreiberhaus. „Morgen gehen wir zur
Schmiede. Dort zeichnen wir auf, wie viele Speerspitzen und
Dolche für die nächste Karawane bereitliegen", sagt Anos.

Gerda Rottschalk

Die Entstehung der Grimm'schen Märchen

Wer kennt sie nicht, Rotkäppchen, Dornröschen, Rapunzel oder Brüderchen und Schwesterchen? Vor etwa 200 Jahren haben die Brüder Jacob und Wilhelm Grimm diese und viele andere Märchen gesammelt und aufgeschrieben. Sie berichteten: „Einer jener guten Zufälle aber war die Bekanntschaft mit einer Bäuerin aus dem nahe bei Kassel gelegenen Dorfe Zwehrn, durch welche wir einen ansehnlichen Teil der … Märchen … erhalten haben. Diese Frau, noch rüstig und nicht viel über fünfzig Jahr alt, heißt Viehmännin, hat ein festes und angenehmes Gesicht, blickt hell und scharf aus den Augen und ist wahrscheinlich in ihrer Jugend schön gewesen. Sie bewahrt diese alten Sagen fest in dem Gedächtnis, welche Gabe, wie sie sagt, nicht jedem verliehen sei und mancher gar nichts behalten könne, dabei erzählt sie bedächtig, sicher und ungemein lebendig, mit eigenem Wohlgefallen daran, erst ganz frei, dann, wenn man will, noch einmal langsam, so dass man ihr mit einiger Übung nachschreiben kann." Nach ungefähr sechs Jahren hatten die Brüder Grimm die Märchen ihrer Sammlung zusammengetragen und aufgeschrieben. Im Jahre 1812 wurde der erste Band gedruckt, drei Jahre später folgte ein zweiter. Doch der Erfolg stellte sich erst viel später ein, nachdem sie alles überarbeitet und verändert hatten.

Die Brüder Jakob und Wilhelm Grimm bei der Märchenerzählerin Dorothea Viehmann in Niederzwehren.

Holzstich nach dem Gemälde von Louis Katzenstein, undatiert

Dornröschen

Vorzeiten waren ein König und eine Königin, die sprachen jeden Tag: „Ach, wenn wir doch ein Kind hätten!", und kriegten immer keins. Da trug sich zu, als die Königin einmal im Bade saß, dass ein Frosch aus dem Wasser ans Land kroch und zu ihr sprach: „Dein Wunsch wird erfüllt werden, ehe ein Jahr vergeht, wirst du eine Tochter zur Welt bringen." Was der Frosch gesagt hatte, das geschah, und die Königin gebar ein Mädchen, das war so schön, dass der König vor Freude sich nicht zu lassen wusste und ein großes Fest anstellte. Er lud nicht bloß seine Verwandten, Freunde und Bekannten, sondern auch die weisen Frauen dazu ein, damit sie dem Kind hold und gewogen wären. Es waren ihrer dreizehn in seinem Reiche, weil er aber nur zwölf goldene Teller hatte, von welchen sie essen sollten, so musste eine von ihnen daheim bleiben. Das Fest ward mit aller Pracht gefeiert, und als es zu Ende war, beschenkten die weisen Frauen das Kind mit ihren Wundergaben: die eine mit Tugend, die andere mit Schönheit, die dritte mit Reichtum und so mit allem, was auf der Welt zu wünschen ist.

Als elfe ihre Sprüche eben getan hatten, trat plötzlich die dreizehnte herein. Sie wollte sich dafür rächen, dass sie nicht eingeladen war, und ohne jemand zu grüßen oder nur anzusehen, rief sie mit lauter Stimme: „Die Königstochter soll sich in ihrem fünfzehnten Jahr an einer Spindel stechen und tot hinfallen." Und ohne ein Wort weiter zu sprechen, kehrte sie sich um und verließ den Saal. Alle waren erschrocken, da trat die Zwölfte

hervor, die ihren Wunsch noch übrig hatte, und weil sie den bösen Spruch nicht aufheben, sondern nur ihn mildern konnte, so sagte sie: „Es soll aber kein Tod sein, sondern ein hundertjähriger tiefer Schlaf, in welchen die Königstochter fällt."
Der König, der sein liebes Kind vor dem Unglück gern bewahren wollte, ließ den Befehl ausgehen, dass alle Spindeln im ganzen Königreiche sollten verbrannt werden. An dem Mädchen aber wurden die Gaben der weisen Frauen sämtlich erfüllt, denn es war so schön, sittsam, freundlich und verständig, dass es jedermann, der es ansah, lieb haben musste.
Es geschah, dass an dem Tage, wo es gerade fünfzehn Jahre alt ward, der König und die Königin nicht zu Haus waren und das Mädchen ganz allein im Schloss zurückblieb. Da ging es allerorten herum, besah Stuben und Kammern, wie es Lust hatte, und kam endlich auch an einen alten Turm. Es stieg die enge Wendeltreppe hinauf und gelangte zu einer kleinen Türe. In dem Schloss steckte ein verrosteter Schlüssel, und als es umdrehte, sprang die Türe auf, und saß da in einem kleinen Stübchen eine alte Frau mit einer Spindel und spann emsig ihren Flachs. „Guten Tag, du altes Mütterchen", sprach die Königstochter, „Was machst du da?" – „Ich spinne", sagte die Alte und nickte mit dem Kopf. „Was ist das für ein Ding, das so lustig herumspringt?", sprach das Mädchen, nahm die Spindel und wollte auch spinnen. Kaum hatte sie aber die Spindel angerührt, so ging der Zauberspruch in Erfüllung, und sie stach sich damit in den Finger.
In dem Augenblick aber, wo sie den Stich empfand, fiel sie auf das Bett nieder, das da stand, und lag in einem tiefen Schlaf. Und dieser Schlaf verbreitete sich über das ganze Schloss; der König und die Königin, die eben heimgekommen waren und in den Saal getreten waren, fingen an einzuschlafen und der ganze Hofstaat mit ihnen. Da schliefen auch die Pferde im Stall, die Hunde im Hofe, die Tauben auf dem Dache, die Fliegen an der Wand, ja, das Feuer, das auf dem Herde

flackerte, ward still und schlief ein, und
der Braten hörte auf zu brutzeln, und
der Koch, der den Küchenjungen, weil
er etwas versehen hatte, an den Haaren
ziehen wollte, ließ ihn los und schlief.
Und der Wind legte sich, und auf den
Bäumen vor dem Schloss regte sich
kein Blättchen mehr.
Rings um das Schloss aber begann eine
Dornenhecke zu wachsen, die jedes Jahr
höher ward und endlich das ganze
Schloss umzog und darüber hinauswuchs,
dass gar nichts mehr davon zu sehen war,
selbst nicht die Fahne auf dem Dach.

Es ging aber die Sage in dem Land von dem schönen schlafenden Dornröschen, denn so ward die Königstochter genannt, als dass von Zeit zu Zeit Königssöhne kamen und durch die Hecke in das Schloss dringen wollten. Es war ihnen aber nicht möglich, denn die Dornen, als hätten sie Hände, hielten fest zusammen, und die Jünglinge blieben darin hängen, konnten sich nicht wieder losmachen und starben eines jämmerlichen Todes. Nach langen, langen Jahren kam wieder einmal ein Königssohn in das Land und hörte, wie ein alter Mann von der Dornhecke erzählte, es solle ein Schloss dahinter stehen, in welchem eine wunderschöne Königstochter, Dornröschen genannt, schon seit hundert Jahren schliefe, und mit ihr schliefen der König und die Königin und der ganze Hofstaat. Er wusste auch von seinem Großvater, dass schon viele Königssöhne gekommen wären und versucht hätten, durch die Dornenhecke zu dringen, aber sie wären darin hängen geblieben und eines traurigen Todes gestorben. Da sprach der Jüngling: „Ich fürchte mich nicht, ich will hinaus und das schöne Dornröschen sehen." Der gute Alte mochte ihm abraten, wie er wollte, er hörte nicht auf seine Worte.

Nun waren aber gerade die hundert Jahre verflossen, und der Tag war gekommen, wo Dornröschen wieder erwachen sollte. Als der Königssohn sich der Dornenhecke näherte, waren es lauter große, schöne Blumen, die taten sich von selbst auseinander und ließen ihn unbeschädigt hindurch, und hinter ihm taten sie sich wieder als eine Hecke zusammen. Im Schlosshof sah er die Pferde und scheckigen Jagdhunde liegen und schlafen, auf dem Dache saßen die Tauben und hatten das Köpfchen unter den Flügel gesteckt. Und als er ins Haus kam, schliefen die Fliegen an der Wand, der Koch in der Küche hielt noch die Hand, als wollte er den Jungen anpacken, und die Magd saß vor dem schwarzen Huhn, das sollte gerupft werden. Da ging er weiter und sah im Saale den ganzen Hofstaat liegen und schlafen, und oben bei dem Throne lagen der König und die Königin. Da ging er noch weiter, und alles war so still, dass einer seinen Atem hören konnte, und endlich kam er zu dem Turm und öffnete die Türe zu der kleinen Stube, in welcher Dornröschen schlief. Da lag es und war so schön, dass er die Augen nicht abwenden konnte, und er bückte sich und gab ihm einen Kuss. Wie er es mit dem Kuss berührt hatte, schlug Dornröschen die Augen auf, erwachte und blickte ihn ganz freundlich an. Da gingen sie zusammen herab, und der König erwachte und die Königin und der ganze Hofstaat und sahen einander mit großen Augen an. Und die Pferde im Hof standen auf und rüttelten sich; die Jagdhunde sprangen und wedelten; die Tauben auf dem Dache zogen das Köpfchen unterm Flügel hervor, sahen umher und flogen ins Feld; die Fliegen an den Wänden krochen weiter; das Feuer in der Küche erhob sich, flackerte und kochte das Essen; der Braten fing wieder an zu brutzeln; und der Koch gab dem Jungen eine Ohrfeige, dass er schrie; und die Magd rupfte das Huhn fertig. Und da wurde die Hochzeit des Königssohnes mit dem Dornröschen in aller Pracht gefeiert, und sie lebten vergnügt bis an ihr Ende.

Gebrüder Grimm

Nachrichten aus den Königshäusern

Warum schnitt der Kaiser Grimassen
und stöhnte, als man ihn krönte?
Eine Mücke saß unter der Krone,
fühlte sich falsch am Platze,
konnt es nicht lassen
und stach den Kaiser
in die Glatze.

Was tat die Prinzessin auf der Erbse,
als sie auf zwanzig Matratzen
und zwanzig Eiderdaunendecken
nicht schlummerte,
nicht döste,
nicht schlief?
Sie rief, sie rief:
Man soll mir eine Leiter bringen,
ich traue mich nicht, aus dem Bett zu springen!

Wie trinkt eine Königin den Tee?
Sie trinkt ihn aus Porzellan,
weiß wie Schnee,
versteht es, die Henkel der Tassen
mit spitzen Fingern zu fassen,
sitzt kerzengrade im Throne und
führt den Tee
wunderbar zierlich zum Mund.
Mit spitzen Lippen versucht sie,
und wenn sie den Mund verbrennt,
flucht sie.

Wo sitzen die Kaiser, die Kaiserinnen?
Wo sitzt der König, die Königin?
Wo sitzen sie, wo?
Genau wie du und ich:
auf dem Po.

Hans Manz

Besuch bei der Königin

„Wohnt die Königin wirklich hier?", fragte Jeremy James.

„Ja", sagte Papa.

„Ihr Haus ist aber riesengroß."

„Könige und Königinnen haben immer große Häuser."

5 „Sie braucht wahrscheinlich Wochen zum Teppichsaugen", sagte Jeremy James.

Sie standen vor dem Buckingham-Palast, und Jeremy James starrte auf die vielen Fenster und fragte sich, aus welchem wohl die Königin herausgucken würde.

„Wenn ich so ein Haus hätte, würde ich immer zu Hause sein", sagte Jeremy James.

„Ich auch", sagte Papa, „ich würde den Ausgang nämlich nicht mehr finden."

10 „Was machen Könige und Königinnen eigentlich, Papa?", fragte Jeremy James.

„Wenn sie nicht gerade Teppiche saugen", sagte Papa, „reisen sie in der Gegend herum und treffen Leute. Sie weihen neue Gebäude ein, lassen Schiffe vom Stapel und fahren im Auto durch die Straßen, so dass die Menschen sie bejubeln und Fahnen schwenken können."

15 „Wie wird man König?"

„Am einfachsten ist es, wenn man einen Vater hat, der schon König ist. Man muss aber aufpassen, dass man keine älteren Brüder hat."

„Ich habe keine älteren Brüder", sagte Jeremy James.

„Stimmt", sagte Papa, „aber leider bin ich kein König. Das bedeutet, dass du auch

20 kein König wirst."

Das war ein harter Schlag für Jeremy James. Denn ihm gefiel der Gedanke, König zu sein. Er könnte ohne weiteres in so einem Haus wie dem Palast der Königin wohnen, Leute traf er auch gerne, und durch die Straßen fahren und sich zujubeln lassen würde ihm nicht schlecht gefallen.

25 „Kannst du nicht noch König werden, Papa?", fragte er.

Papa schüttelte den Kopf.

„Oder könnte mich die Königin zum König machen?", fragte Jeremy James.

„Da drüben am Tor steht ein Wachposten. Frag ihn doch mal, ob er dich reinlässt. Aber wenn er nein sagt, gehen wir. Einverstanden?"

30 Jeremy James ging den Gitterzaun entlang bis zu einem offenen Tor, an dem ein Wachposten in roter Uniform stand. Er trug eine hohe Pelzmütze, die ihm bis über die Augen reichte. Er stand ganz still, hielt sein Gewehr wie einen Spazierstock und starrte stur geradeaus. Jeremy James ging auf ihn zu.

„Entschuldigung", sagte er. Der Posten rührte sich nicht.

35 „Kann ich bitte hier rein und die Königin besuchen?"
Keine Bewegung, kein Mucks, kein Augenzwinkern. Der Wachposten stand steif wie eine Statue. Plötzlich fing Jeremy James an zu lachen. Dies war kein richtiger Wachposten. Es war eine Wachsfigur wie die Modelle bei Madame Tussaud's! Jeremy James zupfte den Wachposten an der Uniform und kniff ihn in die Hand.

40 „Wenn du nicht gleich verschwindest, Bürschchen", sagte der Wachposten aus dem Mundwinkel, „kriegst du eine gescheuert."
Jeremy James sprang entsetzt zurück.
„Ich dachte, du bist aus Wachs", sagte er. „Ich will doch bloß die Königin besuchen."

45 „Geht nicht", sagte der Posten, „sie ist nicht zu Hause."
„Kommt sie bald wieder?", fragte Jeremy James.
„Erst nächsten Donnerstag", sagte der Wachposten.
„Soll ich ihr was ausrichten?"
„Kannst du ihr sagen, dass ich gerne König werden möchte?"

50 „Gewiss doch, Sir. Und wer, soll ich sagen, hat nach ihr gefragt?"
„Jeremy James", sagte Jeremy James.

„In Ordnung, Jeremy James – ich werde Ihrer Majestät Meldung machen", sagte der Posten.
„Und jetzt verschwinde, bevor ich Ärger kriege."

55 Jeremy James rannte zu Papa zurück, der von der anderen Seite des Gitterzauns zugesehen hatte.
„Na, was hat er gesagt?", fragte Papa.
„Er sagte, dass er mir eine scheuern wollte
60 und dass er der Königin ausrichtet, dass ich König werden will."
„Wie nett von ihm", sagte Papa, „wenigstens etwas."
„Aber die Königin ist erst Donnerstag wieder zu
65 Hause", sagte Jeremy James.
„So ein Pech", sagte Papa. „Da sind wir nämlich schon weg."

David Henry Wilson; übersetzt von Helmut Winter

123

Werkstatt

Der Märchenlandreporter

"Hand aufs Herz, Rotkäppchen, wie kamst du eigentlich vom Waldweg ab?"

REPORTER: Du verdankst deinen Namen dieser hübschen roten Samtkappe. Woher stammt die eigentlich?

ROTKÄPPCHEN: Meine Großmutter war so lieb zu mir und hat sie eigens für mich genäht.

REPORTER: Hast du denn deine Großmutter auch lieb?

ROTKÄPPCHEN: O ja, deshalb war ich auch so froh, ihr mit dem Kuchen und Wein eine kleine Freude bereiten zu können. Sie lag doch krank und allein in ihrem Waldhäuschen.

REPORTER: Wie weit weg war das denn etwa von euch?

ROTKÄPPCHEN: Na, so eine gute halbe Stunde Fußweg.

REPORTER: Aber der hatte es in sich, nicht wahr?

ROTKÄPPCHEN: Genau, denn da tauchte plötzlich der Wolf auf, der dann erst die Großmutter und dann mich gefressen hat.

REPORTER: Und wie kam es dazu, dass er noch vor dir im Waldhaus eintraf?

ROTKÄPPCHEN: Ja also, mhm ... Er war wohl schneller!

Der Reporter war jedoch vor dem Interview bereits aufmerksam den Wald abgelaufen und hatte auf der Waldwiese Spuren entdeckt.

REPORTER: Hand aufs Herz, Rotkäppchen. Wie kamst du eigentlich vom Waldweg ab?
...

Werkstatt

In den Abendnachrichten der „Märchenlandschau" sah und hörte man wenig später folgendes:

„Guten Abend meine Damen und Herren! In einer dramatischen Aktion rettete heute ein Förster das Leben eines siebenjährigen Mädchens und seiner Großmutter. Zugleich können die Bewohner des Märchenwaldes in Zukunft sicherer leben. Rotkäppchen, so der Name des Mädchens, hatte die Worte ihrer Mutter vergessen. So kam es, dass …"

„Soeben hören wir aus dem nördlichen Königreich unseres Sendegebietes von einer urplötzlich gewachsenen dornigen Riesenhecke. Wir halten Sie auf dem Laufenden."

Die Zuschauer des MLR (Märchen-Land-Rundfunk) erwarten gespannt weitere Interviews, Berichte, Nachrichten und Kommentare. Du kannst auch als Reporter im Märchenland unterwegs sein.

Wie es mit Rotkäppchen weiterging

… Unter diesen Umständen wurde das Rotkäppchen sehr bald zum bekanntesten Rotkäppchen im Lande, und von überall her kamen die Leute angereist und wollten es sehen und viele stellten Fragen, die das Rotkäppchen alle geduldig
5 beantwortete, zum Beispiel wollten sie wissen, wie es denn gewesen wäre in dem Bauch vom Wolf.
„Eng und dunkel", sagte das Rotkäppchen, „und auch ein bisschen glitschig."
Ja, wollten die Leute wissen, ob es denn gar keine Angst
10 gehabt habe?
„Das schon", sagte das Rotkäppchen, „aber die Großmutter war ja bei mir."
Aber wenn es dunkel war in dem Bauch von dem Wolf, wollten die Leute wissen, wie konnte das Rotkäppchen da sehen, dass
15 es seine Großmutter war, die mit ihm in dem Bauch steckte?
„Meine Großmutter", antwortete das Rotkäppchen, „erkenne ich sogar im Dunkeln."
Aber wenn das Rotkäppchen seine Großmutter sogar im Dunkeln erkennen konnte, wollten die Leute wissen, wieso habe
20 es da den Wolf im Bett mit der Großmutter verwechselt?
Da lachte das Rotkäppchen hell heraus und sagte, es habe ja auch gleich gemerkt, dass etwas nicht stimmte; hätte es sonst vielleicht nachgefragt wegen der großen Ohren und der großen Augen und der großen Hände und wegen des entsetz-
25 lich großen Mauls?
Die Leute staunten: das war mal eine gescheite Antwort! Und das Rotkäppchen wurde so berühmt, dass sogar ein richtiger Dichter kam und über es schreiben wollte, und die Leute sagten, wenn es so weiterginge mit dem Rotkäppchen, werde
30 es hoch hinausgehen mit ihm, und der Felix nebenan, mit dem das Rotkäppchen bis dahin immer gespielt hatte, wurde ganz traurig, denn das Rotkäppchen schenkte ihm überhaupt keine Beachtung mehr und sah ihn auch nicht an …

Stefan Heym (Auszug)

Die Erde ist unser Haus

Erde

Auf der Erde kann ich stehn,
vieles kann in ihr geschehn,
vieles wächst aus ihr heraus.
Auf der Erde steht mein Haus.
Erde, das ist: Ackerland,
Meeresstrand und Wüstensand,
Straße, Urwald, Fels und Stein –
alles das kann Erde sein.

Wolf Harranth

Die zwei Wurzeln

Zwei Tannenwurzeln groß und alt
unterhalten sich im Wald.

Was droben in den Wipfeln rauscht,
das wird hier unten ausgetauscht.

Ein altes Eichhorn sitzt dabei
und strickt wohl Strümpfe für die zwei.

Die eine sagt: knig. Die andre sagt: knag.
Das ist genug für einen Tag.

Christian Morgenstern

Im Wald der verhexten Tiere

Im Wald der NEHÄRKLEBEN
geheimnisvolle NENNIPS weben.
Verschlingen TANIPS fuderweise
und schleichen durch die NENNAT leise.
Die NESAH mümmeln grünen Klee.
Der KNIF, der pfeift am Unkensee.
Und klingt das komisch für dein Ohr,
dann lies es mal von hinten vor.

Günther Feustel

Die Eiche

Die Eiche ist Lebensraum für viele Tiere, Pflanzen und Pilze. Sie kann sehr alt werden.

Eichhörnchen und Eichelhäher sammeln Eicheln für den Winter. Sie vergraben diese. Manche Eicheln beginnen zu keimen und wachsen zu neuen Eichen heran. Eicheln sind auch eine Lieblingsspeise für Wildschweine.

David Streeter & Richard Lewington
„Entdeckungsreise in die Welt der Eiche"

Die Eiche und das Schwein

Ein gefräßiges Schwein mästete sich
unter einer hohen Eiche
mit der herabgefallenen Frucht.
Indem es die eine Eichel zerbiss,
verschluckte es bereits eine andere
mit dem Auge.

„Undankbares Vieh!",
rief endlich der Eichbaum herab.
„Du nährest dich von meinen Früchten
ohne einen einzigen dankbaren Blick
auf mich in die Höhe zu richten."

Das Schwein hielt einen Augenblick inne
und grunzte zur Antwort:
„Meine dankbaren Blicke sollten nicht außen bleiben,
wenn ich nur wüsste, dass du deine Eicheln
meinetwegen hättest fallen lassen."

Gotthold Ephraim Lessing

Die Gäste der Buche

Mietegäste vier im Haus
hat die alte Buche.
Tief im Keller wohnt die Maus,
nagt am Hungertuche.

Stolz auf seinen roten Rock
und gesparten Samen
sitzt ein Protz im ersten Stock;
Eichhorn ist sein Namen.

Weiter oben hat der Specht
seine Werkstatt liegen,
hackt und zimmert kunstgerecht,
dass die Späne fliegen.

Auf dem Wipfel im Geäst
pfeift ein winzig kleiner
Musikante froh im Nest.
Miete zahlt nicht einer.

Rudolf Baumbach

Albrecht Dürer
Zwei Eichhörnchen
Zeichnung 1512

Das wandernde Bäumlein

Vor einiger Zeit habe ich ein Bäumlein – eine dünnstämmige, doch schon kräftige kleine Buche – wandern gesehen.
Nein, ich spinne nicht. Meine Fantasie geht nicht mit mir durch. Das Bäumlein ist uns durchgegangen. Und wie!
5 Es begann damit, dass es als Keimling durch eine Buchecker stieß und wie ein bleicher Regenwurm aus der Erde guckte. Die Sonne – endlich schien sie mal! – zog an dem Würmchen, wärmte es und nach einiger Zeit trieb es winzige Blätter. Natürlich brauchte es die Hilfe der guten Waldgeister, der
10 plattschwänzigen Trolle, der Erdmännchen und Elfen.
Zum Beispiel könnte ein Reh oder ein Hase es entdecken und auffressen. Aus wär's mit dem Bäumlein.
Es kam jedoch durch und wuchs. Und begann seine Wanderschaft. Dabei half ihm der Förster. Er grub das Pflänzchen
15 aus und erklärte es zum Setzling.
Ein Setzling sitzt nach der Vorstellung von Menschen, die eben wie Menschen denken und nicht wie Bäume, in einer Baumschule. Da kann sich die kleine Buche nur schütteln. Für sie gibt es keine Schule. Sie braucht das Wachsen und
20 das Blätterkriegen nicht zu lernen. Sie kann es. Und sie wächst – mit Schwung!
Nach zwei Jahren gräbt der Förster sie wieder aus und bringt sie zu dem Platz, den er extra für sie ausgewählt hat. Da soll sie bleiben, mächtig werden und Schatten spenden.
25 Die Buche lernt alle Wetter kennen und alle Winde.
Sie wird immer kräftiger und geschmeidiger. Sie richtet sich für ein langes, standfestes Buchenleben ein. Aber da hat sie mit den Menschen nicht gerechnet.

Eines Tages sieht sie sich von Maschinen umstellt.
30 Es sind Baumaschinen. Erde wird aufgerissen. Die Bagger
haben sich schon bis an ihre Wurzeln gefressen.
Im letzten Augenblick rettet sie der Förster. Fluchend gräbt
er das Bäumlein aus, legt es vorsichtig auf den Anhänger und
fährt mit ihm tiefer in den Wald hinein.
35 Wieder muss es Fuß fassen, Wurzeln schlagen. Doch die
Wurzeln schmerzen und krümmen sich.
Sie vertragen diese Erde nicht. Die kleine Buche lässt die
Blätter hängen. Die Rinde beginnt sich vom Stamm zu
schälen.
40 Es ist beinahe zu spät, als der Förster sie besucht. Er gräbt
sie wieder aus und entdeckt lauter Unrat in der Erde, Abfall,
den die Menschen dort verscharrt haben.
Es muss doch mal gut gehen, Bäumlein, sagt der Förster und
trägt es an den Waldrand. Dort wächst sie weiter. Sie wird
45 ein stattlicher Baum.
Nun beobachtet sie mit Schrecken, dass am Waldrand
Häuser gebaut werden.
Sie mag es, wenn Kinder um sie herum spielen oder wenn
sich jemand in ihren Schatten legt. Dazu ist sie auch da.
50 Sie fragt sich, wie lange es dauern wird, bis die Maschinen
den Wald erreicht haben.
Was dann geschieht?
Zum Wandern ist sie nun zu groß.
Sie muss bleiben.
55 Sie muss abwarten.
Sie möchte noch lange wachsen.
Sie fragt sich, ob die Menschen ab und zu auch an
ihre stummen Nachbarn, die Bäume, denken.

Peter Härtling

Der Wald spricht

Gehst du mit deiner Axt zu mir hin,
bedenke, Mensch, was ich für dich bin:

Im Winter die Wärme in deinem Herd,
dein Zelt, wenn der Sommer die Gräser verzehrt,
der Dachstuhl, auf dein Haus gesetzt,
die Tür, durch die du gehst eben jetzt,
der Tisch, an dem du dein Mahl einnimmst,
die Geige, die du zum Tanze stimmst,
ich bin für deinen Schlaf das Bett,
ich bin deine Scheune, Brett um Brett,
ich bin der Mast an deinem Schiff,
ich bin an deiner Axt der Griff –

und gehst du mit deiner Axt zu mir hin,
bedenke, Mensch, was ich für dich bin.

Verfasser unbekannt

Das Blatt

„Nun bin ich zu nichts mehr nütze!", klagt ein Blatt,
als es im Herbst zur Erde fiel. –
Aber ein Käferchen, das darunter seinen Winterschlaf hielt,
dachte beim Einschlummern:
„Ein schöneres Dach könnte ich mir nicht wünschen!".

Rudolf Kirsten

Der Kuckuck

Der Kuckuck sprach mit einem Star,
Der aus der Stadt entflohen war.
„Was spricht man", fing er an zu schreien,
„Was spricht man in der Stadt von unsern Melodeien?
Was spricht man von der Nachtigall?"
„Die ganze Stadt lobt ihre Lieder."
„Und von der Lerche?", rief er wieder.
„Die halbe Stadt lobt ihrer Stimme Schall."
„Und von der Amsel?", fuhr er fort.
„Auch diese lobt man hier und dort." –
„Ich muss dich doch noch etwas fragen:
Was", rief er, „spricht man denn von mir?"
„Das", sprach der Star, „das weiß ich nicht zu sagen;
Denn keine Seele redt von dir."
„So will ich", fuhr er fort, „mich an dem Undank rächen
Und ewig von mir selber sprechen."

Christian Fürchtegott Gellert

Der Hamster und die Ameise

„Ihr armseligen Ameisen", sagte ein Hamster. „Verlohnt es sich der Mühe, dass ihr den ganzen Sommer arbeitet, um ein so Weniges einzusammeln? Wenn ihr meinen Vorrat sehen solltet!"
„Höre", antwortete eine Ameise, „wenn er größer ist, als du ihn brauchst, so ist es schon recht, dass die Menschen dir nachgraben, deine Scheuern ausleeren und dich deinen räuberischen Geiz mit dem Leben büßen lassen!"

Gotthold Ephraim Lessing

Ein Vogel wollte Hochzeit machen

*Text und Melodie:
mündlich überliefert*

1. Ein Vogel wollte Hochzeit machen in dem grünen Walde.
1.–10. Fi-de-ra-la-la, fi-de-ra-la-la, fi-de-ra-la-la-la-la.

2. Die Drossel war der Bräutigam,
   die Amsel war die Braute.
3. Die Lerche, die Lerche,
   die führt die Braut zur Kerche.
4. Der Wiedehopf, der Wiedehopf,
   der schenkt der Braut 'nen Blumentopf.
5. Der Spatz, der kocht das Hochzeitsmahl,
   verzehrt die schönsten Bissen all.
6. Die Gänse und die Anten,
   das sind die Musikanten.
7. Der Pfau mit seinem bunten Schwanz,
   der führt die Braut zum ersten Tanz.
8. Brautmutter war die Eule,
   nimmt Abschied mit Geheule.
9. Frau Kratzefuß, Frau Kratzefuß
   gibt allen einen Abschiedskuss.
10. Nun ist die Vogelhochzeit aus,
    und alle ziehn vergnügt nach Haus.

Wie findet sich ein Vogelpaar und
was erwartet es nach der Hochzeit?
Spielt und singt, wie ihr es euch vorstellt!
Anregungen dazu könnt ihr
bei Rolf Zuckowski finden.

Rolf Zuckowski
„Vogelhochzeit"

Der kleine König der großen Tiere

Tom Breitenfeldt

Moos

Hast du schon jemals Moos gesehen?
Nicht bloß so im Vorübergehen,
so nebenbei von eben her;
so ungefähr –
5 nein, dicht vor Augen, hingekniet,
wie man sich eine Schrift besieht?
O Wunderschrift! O Zauberzeichen!
Da wächst ein Urwald ohnegleichen
und wuchert wild und wunderbar
10 im Tannendunkel Jahr um Jahr,
mit krausen Fransen, spitzen Hütchen,
mit silbernen Trompetentütchen,
mit wirren Zweigen, krummen Stöckchen,
mit Sammelhärchen, Blütenglöckchen,
15 und wächst so klein und ungesehen –
ein Hümpel Moos.

Und riesengroß die Bäume stehen ...

Doch manchmal kommt es wohl auch vor,
dass sich ein Reh hierher verlor,
20 sich unter diese Zweige bückt,
ins Moos die spitzen Füße drückt,
und dass ein Has', vom Fuchs gehetzt,
dies Moos mit seinem Blute netzt ...
Und schnaufend kriecht vielleicht hier auch
25 ein sammetweicher Igelbauch,
indes der Ameis' Karawanen
sich unentwegt durchs Dickicht bahnen.
Ein Wiesel pfeift, ein Sprung und Stoß –
und kalt und groß
30 gleitet die Schlange durch das Moos ...

Und riesengroß die Bäume stehen ...

Hast du schon jemals Moos gesehen?

Siegfried von Vegesack

Der Schachtelhalm

Der Schachtelhalm, so ururalt,
war einmal höher als der Wald.
Jetzt schaut er braun zum Gras heraus
und breitet seine Fächer aus.

Das Springkraut

Das Springkraut heißt:
Pflänzchen „Rührmichnichtan".
Berühren ist zwar nicht verboten,
doch tippt man nur mit dem Finger dran,
schon springen seine Schoten.

Der rote Fingerhut

Der rote Fingerhut tut kranken Herzen gut,
zwar nur als Medizin –
sonst hat er keinen Sinn;
denn gegen Herzeleid
macht uns kein Kraut gefeit.

(giftig)

Der Waldmeister

Unter den hohen Bäumen steht
das Waldmeisterbeet.
Sein saftiges Kraut
ist uns vertraut.
Trinkt ihr zu Hause
auch Waldmeisterbrause?

Heinz Kahlau

Schwarzmaske

Die Ricke[1] setzte im Mai. In diesem Jahr nur ein Kitz[2]. In den beiden Jahren zuvor waren es zwei gewesen. Es war ein außergewöhnlich starkes Bockkitz. Seine Stirn und die Gegend um die Augen waren schwarz, bis hinunter zum Windfang[3] verlief ein senkrechter schwarzer Streifen.

5 Als der Förster die Ricke mit ihrem Kinde erstmals sah, fiel ihm das dunkle Gesicht des Kitzes sofort auf, und da er gewohnt war, seinem Wilde Namen zu geben, taufte er das Kleine bei sich Schwarzmaske, und er beschloss, es vom Abschuss so lange wie möglich zu verschonen. Erkennen würde er das Böckchen ja immer. Andere Merkmale sind trügerisch. Die Form des Gehörns und seine Endenzahl
10 können in jedem Jahr wechseln, Aufenthaltsort und Gewohnheiten auch, doch die schwarze Maske würde dem kleinen Reh bleiben.

Der Förster kannte auch die Mutter. Die vielleicht fünfjährige Ricke war ein stattliches Tier und anmutig wie alle Rehe. Feuerrot leuchtete ihr Fell im Licht der untergehenden Sonne. Während das Kitz wenige Schritte von ihr entfernt ruhig
15 äste, hier ein Hälmchen, da eine Blattspitze und dort eine Knospe, war die Alte weniger vertraut. Fortwährend hob sie den Kopf, wandte den feuchtschwarzen Windfang und prüfte mit erhobenen Lauschern[4], ob keine Gefahr drohte. Nur ab und zu beruhigte sie sich und äste ebenfalls, dabei mit ihrem Kinde immer weiter hinaus in die Wiese ziehend.

20 Rehe sind sehr wählerisch in ihrer Nahrung, und man wird bei ihnen nie kahl geäste Stellen auf den Feldern finden wie beim Rotwild, ihren großen Verwandten.

[1] Ricke: weibliches Reh; [2] Kitz: junges Reh, Jungtier; [3] Windfang: Nase; [4] Lauscher: Ohren

Oft saß der Förster an schönen Abenden auf seinem Hochsitz an der großen Waldwiese und beobachtete die beiden.

Einmal schaute er belustigt den Versuchen eines Fuchses zu, der sich an das Kitz heranschleichen wollte. Wie ein schmaler roter Strich wand er sich durch das hohe
25 Gras der Wiese, jede Deckung sorgfältig ausnutzend, bewegungslos in sich zusammensinkend, wenn die Alte oder das Kitz einmal sicherten.

Da Schwarzmaske nur wenige Meter von seiner Mutter entfernt war, bestand keine Gefahr für ihn.

Endlich hatte sich der Fuchs bis auf vier oder fünf Meter dem Kitz genähert.
30 Sprungbereit duckte er sich, und gerade überlegte der Förster, ob es nicht doch besser sei, einen Ruf oder Pfiff auszustoßen, als sich die bis dahin scheinbar arglos äsende Ricke plötzlich umwandte. Vielleicht hatte ihr der manchmal drehende Wind auch die Witterung Reinekes zugetragen.

Wie ein Wirbelwind war sie heran, schnellte mit ihren Hinterläufen aus und traf den
35 Fuchs ganz empfindlich, der einen Augenblick verdutzt dastand und dabei noch einige kräftige Hiebe auf den roten Balg erhielt. Da schien es ihm besser zu sein, das Weite zu suchen, und er flüchtete in langen Sätzen dem Walde zu, von der böse schmälenden Alten bis unter die ersten Bäume verfolgt.

Das Kitz war auf der Wiese stehen geblieben und äugte interessiert, aber sichtlich
40 verständnislos hinterher, bis die Ricke zurückkam und mit ihm ein ganzes Stück weiterzog. Es dauerte lange, ehe sie sich beruhigt hatte. Immer wieder flog ihr Kopf hoch, prüften Lauscher und Windfang, ob nicht erneut Gefahr bestünde.

Wolfgang Zeiske (Ausschnitt)

Werkstatt

Jägerlatein

Als es dämmerte, ging ich in den Wald, um den Tieren aufzulauern. Plötzlich begann es gewaltig zu rauschen und ein mächtiges Geweih überragte die Baumwipfel. Welch ein Jagdglück, dachte ich erfreut. Noch konnte ich nichts richtig sehen. Aber da knackten schon brechende Zweige und ein riesiges Tier sprang munter von Ast zu Ast, seinen buschigen Schwanz als Steuer gebrauchend. Mit rauer Stimme rief es: „Kuckuck!" Das musste ein Fuchs sein. Ich vermeinte, in der Dunkelheit den weiß gestriften Kopf genau zu erkennen. Ich legte meine Flinte an. Doch dann dachte ich, es wäre schön, den kostbaren Pelz ohne Brandloch zu bekommen. Ich lud meine Flinte mit Regenwürmern und schoss wohl ein Dutzend von ihnen in die Richtung meiner Jagdbeute. Das Tier stürzte sich laut schmatzend und grunzend auf die unverhoffte Mahlzeit und pflügte gierig mit seinem kurzen Rüssel die Erde.

Es war so beschäftigt, dass ich mich ihm unbemerkt nähern konnte. Beherzt griff ich mit beiden Händen in sein Gehörn, schwang mich auf seinen gefiederten Rücken und ritt als erfolgreicher Jäger ins Dorf zurück.

Welche Tiere erkennst du in diesem Spaß-Text? Woran hast du sie erkannt?

185 188

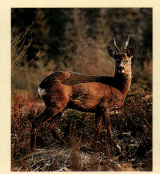

Werkstatt

Steckbriefe

Zu welchen Tieren gehören diese Steckbriefe?

Steckbrief 1:
- Name: ?
- Länge: 1,40 m
- Farbe: hellbraun, weißer Spiegel je nach Jahreszeit
- Lebensraum: Waldrand, Schonung, Feld
- Nahrung: Pflanzen
- Feinde: Wolf, Bär, Luchs, Uhu (für das Junge auch Fuchs, Waschbär, Greifvögel)
- Junge: meist 2
- wann: Mai bis Juni

Steckbrief 2:
- Name: ?
- Länge: bis 1,55 m
- Farbe: schwarz-grau
- Lebensraum: Wald, Feld
- Nahrung: Wurzeln, Pilze, Farn, Gras, Eicheln, Bucheckern, Aas, Würmer, junge Mäuse, Eier, Schlangen
- Feinde: keine
- Junge: 5 bis 6, März/April

Steckbrief 3:
- Name: ?
- Länge: 1,30 m, davon 0,40 m Schwanz
- Farbe: rotbraun, weiße Brust, weißer Bauch, je nach Jahreszeit
- Lebensraum: Wald, Feld, Wiese
- Nahrung: Kleintiere wie Mäuse, Hasen, Kitze, Geflügel, Vögel
- Junge: 3 bis 5 Welpen
- wann: März/April

Steckbrief 4:
- Name: ?
- Länge: 1,05 m, davon 0,20 m Schwanz
- Farbe: grau, Kopf schwarz-weiß gestreift
- Lebensraum: Waldränder, Wiesen, Weiden
- Nahrung: Kaninchen, Mäuse, Hummeln, Wespen, Rüben, Äpfel, Weintrauben
- Feinde: Dachshund
- Junge, wie viele/wann: 2 bis 5, Februar/März

Fertigt selbst Steckbriefe von Tieren oder Pflanzen des Waldes an!
Gestaltet sie mit Fotos oder Zeichnungen!

Blätterwelt

Sitz ich in meinem Baumversteck,
bin ich für alle andern weg
und werde nicht gefunden.
Mich wiegt mein grünes Blätterzelt.
Und wenn das Wetter weiter hält,
bleib ich hier ein, zwei Stunden.

Flieg, Biene, flieg,
dann machst du mir Musik.
Die Spatzen
schwatzen,
die Hummeln
brummeln.
Der Käfer frisst Läuse,
die Katze jagt – keine Mäuse!
Die Katze, die Katz –
mit einem Satz
erklimmt sie den Baum
und springt nach dem Spatz.

Sitz ich in meinem Baumversteck,
bin ich für alle andern weg
und hab doch viele Gäste.
Ich seh euch gut. Ihr seht mich kaum
in meinem Traumgeheimnisbaum.
Das ist daran das Beste.

Christa Zeuch

Traumhaftes und Zauberhaftes

Kleine Wolke

Eine kleine weiße Wolke
sieht die Welt von oben an,
träumt, sie wär ein kleines Schäfchen,
das im Grase spielen kann.

Träumt davon den ganzen Tag lang,
schaukelt sachte hin und her,
kommt ein kleiner, frecher Wind an
und das Wölkchen gibts nicht mehr.

Monika Ehrhardt/Reinhard Lakomy

Ei- ne klei- ne wei- ße Wol- ke sieht die Welt von o- ben an,

Da lieg ich im Bett

Da lieg ich im Bett, die Augen zu.
Was Schönes will ich mir denken.
Ich stelle mir vor, mein Bett ist ein Boot,
das die Wellen heben und senken.

Ich lasse mich schaukeln, hinauf und hinab,
und rings um meinen Kahn
glitzert, so weit das Auge reicht,
friedlich der Ozean.

Herrlich ist das! – Allmählich aber
werde ich höher gehoben
und sinke tiefer hinab ins Tal.
Die Wellen werden zu Wogen.

Die eiligen, schwarzen, von Gischt gekrönt,
immer wilder donnern sie her.
Und ich im Boot, verlassen, verloren,
weit draußen im tobenden Meer!

Jetzt aber – o Schreck! – eine Wasserwand,
eine haushohe, wandert heran.
Sie ragt vor mir hoch. Sekunden noch,
dann ist es um mich getan.

Mit mir ist es aus! Da fällt mir ein
im letzten Augenblick;
Es gibt noch ein Mittel, ein einziges noch,
ich habe noch einen Trick.

Ich mache meine Augen auf.
Und liege wieder in meinem Bett,
im Zimmer.
Welch ein Glück!

Josef Guggenmos

Moritz träumt in der Litfaßsäule

Gegen Morgen hatte er einen seltsamen Traum. Er träumte, die Litfaßsäule erhob sich sachte vom Boden, wurde schneller und schoss wie eine Rakete ins Weltall. Anfangs wurde ihm etwas schlecht, dann gewöhnte er sich. Durchs Guckloch konnte er
5 sehen, wie die Erde kleiner wurde, ein graugrüner Ball, so wie auf einem Foto, das die Kosmonauten mitgebracht hatten. Wie klein kamen jetzt Moritz auch seine Probleme vor angesichts dieser kleinen Erde. Doch da setzte die Litfaßsäule hart auf. Moritz öffnete die Tür vorsichtig. Da sah er sich
10 im Nu von lauter klappernden Blech-Menschen umgeben. Großen und kleinen.
„Seid ihr Roboter?", fragte er ängstlich.
„Ja", sagte ein Dicker. „Du bist hier auf dem Robotamus."
„Willkommen. Willkommen", schnarrten die Roboter und
15 klapperten mit den Blechkinnladen. Sie sprachen alle mit Echo.
„Du bist wohl noch aus der Urzeit. Bist du aus Plaste oder aus Fleisch?"
Moritz erklärte freundlich, dass er nicht aus der Urzeit sei.
20 Er stamme von der Erde und sei auch nicht aus Plaste.
„Er ist aus Fleisch, er ist noch aus Fleisch, wie altmodisch", schnarrten die Roboter fröhlich und fassten Moritz alle mit ihren Blechfingern an.
Morgen werde ich lauter blaue Flecken haben, wenn sie
25 so kneifen, und weiter dachte er, dass es ganz schön blöde sein muss, aus Blech zu sein. Wenn einen jemand streichelt, würde man es gar nicht merken.
Ein Roboter mit Brille nahm Moritz an der Hand, die anderen klapperten hinterher. Sie führten ihn zu einem Glashaus, halb-
30 rund, das sah wie eine große Käseglocke aus.
Dort empfing ihn der Oberste Roboter. Er trug über seinem Blech einen Samtumhang. Auf dem Kopf hatte er drei Antennen wie Drahthaare.

Moritz musste essen und trinken. Leider
schmeckte alles wie Pappe und Sirup.
Der Oberste Roboter sprach auch sehr
schnell und mit Echo. Er fragte Moritz
aus über die Erde, über Bäume und
Blumen und die Jahreszeiten.
Moritz mühte sich sehr. Noch nie hatte er
sein Köpfchen so angestrengt, denn er wollte
als Vertreter der Erdmenschen ja nicht die
ganze Erde blamieren durch Unwissenheit.
Wie viel Sprachen kannst du sprechen-
echen-echen?", fragte der Oberste Roboter.
„Eine", erwiderte Moritz. Und die macht mir
schon Schwierigkeiten genug, dachte Moritz.
„Was, nur eine? Unsere Kinder sprechen
zehn Sprachen."

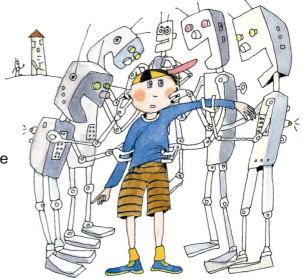

„Aber wie viel Unterricht haben sie denn
dann?" wagte Moritz schüchtern zu fragen.
„Na, von morgens bis abends. Aber es ist
ganz einfach. Die Eltern ziehen morgens
ihre Kinder auf, mit einem Schlüssel. Dann
werden sie ölgeduscht und für den ganzen
Tag programmiert."
„Was?", Moritz war entsetzt.
Das Wort programmieren hatte er schon
von seinem Vater gehört, es hatte mit Zahlen zu tun. Aber in diesem Zusammenhang
erschien es ihm etwas schrecklich.

„Also, das ist so. Der Vater oder die Mutter
drücken auf die entsprechenden Knöpfe
am Kind. Dann führt es die Aufgaben für
den ganzen Tag aus. Das ist sehr praktisch-
raktisch-raktisch."
Moritz musste an die Waschmaschine zu
Hause denken. Die hatte auch Knöpfe.

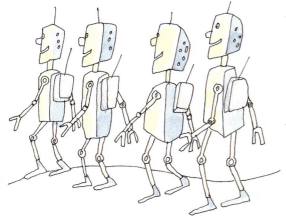

"Die Kinder gehen dann im Gleichschritt zur
70 Schule, sie lernen alle zusammen in einem
großen Saal. Sie haben alle Einsen, sind brav,
diszipliniert, ordentlich. Alles machen sie
gemeinsam, auch lachen und denken.
Es gibt keine Erziehungsschwierigkeiten.
75 Wir sind fürchterlich zufrieden-rieden-rieden",
lachte der Oberste Roboter mit Blechmund.
"Willst du unsere Schule sehn? Komm, ich
begleite dich."
Moritz beeilte sich, nein, nein zu sagen.
80 Und dachte, o du meine Güte. Wie gemütlich
war doch da unsere Schule.
Draußen schepperte es lang und anhaltend.
Der Oberste Roboter sprang auf.
"Da, siehst du, die Schule ist gerade aus.
85 Da gehen unsere lieben Kleinen." Und ein
Lächeln huschte über sein Blechgesicht.

Moritz sah durch die Glaswand eine Gruppe
von etwa fünfzig Blechmännchen im Gleichschritt und mit halb offenem Blechmund.
90 "Warum haben die denn alle den Mund auf,
als ob sie gähnen?", fragte Moritz.
"Ja. Das ist unser einziges Problem.
Wir nehmen an, dass es zu langweilig
für die Kinder ist. Aber das kriegen wir noch
95 in den Griff. Unsere Forscher arbeiten schon
an einem Mittel gegen das Gähnen-ähnen-
ähnen."

Das Gähnen steckte an und Moritz
schlief dann im Blechsessel auf
100 dem Robotamus ein. Und wachte
in der Litfaßsäule auf.

Christa Kožik
"Moritz in der Litfaßsäule"

Reise zum Stern Klawenta

Eines Tages beschloss Klaus Katen, einen Stern zu entdecken, und er suchte sich einen Stein, der nach oben fällt. Unter hundert gibt es keinen, aber unter hundert mal hundert mal hundert gibt es einen. Klaus Katen drehte alle Steine um, bis einer hervorschoss
5 und in die Luft steigen wollte – den fasste er fest.
Er hatte ihn in der Hand, schon flog er nach oben. Vorbei an den Dohlen auf dem Fernsehturm, vorbei an einem Flugzeug mit erstaunten Passagieren, am Mond vorbei, zusammen mit dem Stein, der nach oben fiel.
10 Bei den weißen, silbernen, goldenen Sternen hielt Klaus Katen nicht an; sie sind alle entdeckt und benannt. Wer einen Stern entdecken will, muss sich einen suchen, den man nicht im Fernrohr sieht, einen dunklen, samtblauen, nachtschwarzen, purpurroten. Dort kann man eine Fahne aufpflanzen und darf ihm einen Namen ge-
15 ben. Ist er krumm, kann man ihn Gurkenstern nennen, ist er gerade, dann eben anders – aber nur, wenn er noch keinen Namen hat.
Da sah Klaus Katen einen, der war geblümt und hatte einen kleinen grünen Fleck. Er ließ den Stein los, der nach oben fiel, und schon war er gelandet. Der Stern war bewohnt. Überall lagen Leute auf
20 geblümten Sofas herum; die blickten ihn an und gähnten.
Aber denkt ihr, einer wäre aufgestanden? Mit Mühe und Not fand Klaus Katen einen, der wenigstens den Daumen hob und ihm eine Richtung wies. Klaus Katen ging und kam an einen Palast, darin regierte der Oberste von Klawenta – so hieß der Stern. Der Oberste
25 hatte einen langen weißen Bart und drei wunderschöne Töchter mit neun Beinen und drei Augen, alle zusammen natürlich. Denn jeder Klawente hat drei Beine und ein Auge. Aber wer nun denkt, sie konnten deshalb schneller laufen, der hat falsch gedacht. Mit zwei Beinen geht man links, rechts, links, aber mit drei Beinen kann man
30 auf sechserlei Weise gehen. Jeder ging anders in Klawentien und war stolz darauf; ob man dabei weiterkam, war eine andere Sache. Der Oberste hieß ihn, sich zu setzen, die älteste Tochter brachte eine Serviette, die zweite Messer und Gabel, die dritte die Frucht einer großen grünen Pflanze. Kaum lag sie auf dem Tisch, da
35 öffnete sie sich und drin lagen, appetitlich zubereitet, ein Spanferkel, ein Töpfchen Senf, eine Brause und Kirschkompott. Das war

die Frucht der Mittagsstaude und der Oberste hatte diese Pflanze
selbst für die Klawenten gezüchtet, damit es ihnen gut ginge.
Klaus Katen ließ es sich schmecken und wischte sich am Ende
40 den Mund, vermied aber das Aufstoßen, denn er war ja im Ausland.
Dann schaute er in das Gesicht des Obersten und sah,
dass er bekümmert war.
„Erzähle, Oberster!"
Und Klaus Katen erfuhr, dass die Klawenten Hunger litten,
45 die Klawenten, auf deren Stern die Mittagsstaude wuchs!
„Es liegt an mir", rief der Oberste und raufte sich seinen weißen
Bart, „hätte ich doch nie das Sofamoos gezüchtet! Aber die
Klawenten haben die Mittagsstaude so sehr gehackt und gejätet,
gegossen und gehäufelt, dass ich dachte: Sie müssen etwas zum
50 Ausruhen haben. So habe ich das geblümte Sofamoos gezüchtet,
auf dem man herrlich ruhen und träumen kann. Aber unseren Stern,
der einst grün war, weil überall die Mittagsstaude wuchs,
den überwuchert jetzt das Sofamoos, und nur ein kleiner grüner
Fleck ist übrig geblieben. Das Sofamoos vermehrt sich wie das
55 Unkraut, und wo es wächst, geht die Mittagsstaude zugrunde.
Doch die Klawenten kümmern sich nicht darum. Nur ein paar
hacken und jäten noch, die anderen lümmeln sich auf den Moos-
sofas und träumen. Was soll ich tun? Soll alles zugrunde gehen?
Oder soll ich austrommeln, dass das Ausruhen bei Todesstrafe
60 verboten ist?"
„Du machst es dir zu einfach. Sitzt in deinem Palast und lässt
alles austrommeln. Geh zu den Klawenten und erkläre ihnen,
wie es steht!"
„Und sie werden es begreifen?", fragte der Oberste.
65 „Was gut für ihn ist, begreift der Mensch auch", antwortete
Klaus Katen. „So ist es auf der Erde."
Widerwillig, dann aber mit zunehmendem Eifer begannen die
Klawenten bald, die Mittagsstauden zu hacken und zu gießen.
Sie ließen nur so viel Moos wachsen, wie sie zum Ausruhen
70 brauchten, und bald wurde Klawenta wieder grün vor lauter
Mittagsstauden. Klaus Katen wurde mit Ehren überhäuft, doch er
las einen Stein auf, diesmal einen, der nach unten fiel, und schon
war er wieder zu Hause.

Hannes Hüttner

Der kleine Wassermann

Der kleine Wassermann lebt in einem kleinen See, einem Weiher. Heute erkundet er zum ersten Mal zusammen mit seinem Vater die Umgebung.

Aber es lebten ja nicht nur die Fische im Weiher!
5 Da waren die Molche, die Schnecken, die Muscheln und Würmer, die Käferlarven und Wasserflöhe und allerhand winzige Dingerchen, die man mit bloßem Auge kaum noch erkennen konnte. – Ojemine!, dachte der kleine Wassermann, ob ich all ihre
10 Namen jemals behalten werde? Ich kann sie ja nicht einmal zählen! –
An manchen Stellen war der Boden dick verschlammt. Wenn die beiden zu niedrig darüber hinwegstrichen, wirbelten bräunliche Wolken empor und
15 das Wasser verdüsterte sich. An anderen Stellen lag Kies, der schimmerte ihnen von weitem entgegen, und wieder an anderen Stellen wuchs Gras. Das war Teichgras. Es wehte in langen Büscheln über den Boden hin und sah aus wie ein Teppich von lauter
20 Wassermannshaaren.

Am besten gefielen dem kleinen Wassermann aber die Wälder von Nixenkraut und von Teichfäden, Wasserfeder und Tausendblatt, die in der Tiefe des Weihers wucherten.

25 „Wage dich nicht hinein, du bleibst hängen!", konnte der Wassermannvater gerade noch rufen; da sah er auch schon, wie der Junge kopfüber im Dickicht der Stängel und Blättchen verschwand.

„Wirst du hierbleiben!", rief ihm der Vater nach und
30 versuchte den Ausreißer bei den Füßen zu packen. Aber der Junge war schneller als er und der Wassermannvater behielt nur den linken Stiefel von ihm in der Hand.

Es rauschte und plätscherte noch eine Weile im
35 Dickicht, dann wurde es wieder still.
Von irgendwoher aus dem Schlingpflanzenwald rief der kleine Wassermann piepsend:
„Wo bin ich?"
Da beschwerte der Wassermannvater den leeren
40 Stiefel mit einem Stein, damit er ihm nicht davonschwimmen konnte, und machte sich wohl oder übel auf, den Jungen zu suchen …

Otfried Preußler

Henri Rousseau
Der Traum (Ausschnitt)
1910

Traumwald

Des Vogels Aug' verschleiert sich,
er sinkt in Schlaf auf seinem Baum.
Der Wald verwandelt sich im Traum
und wird so tief und feierlich.

Der Mond, der stille, steigt empor:
Die kleine Kehle zwitschert matt.
Im ganzen Walde schwingt kein Blatt.
Fern läutet, fern, der Sterne Chor.

Christian Morgenstern

Der Mond im Zirkuszelt

Einmal, als der Mond Langeweile hatte, beschloss er, abends auszugehen. Der Mond hatte schon manchmal vom Himmel aus zugeschaut, wenn das große Zirkuszelt aufgebaut wurde und wenn nachher am Abend viele hundert Menschen hinein-
5 strömten. Er hatte das bunte Licht vor dem Eingang gesehen und von drinnen Musik gehört, das Fauchen und Brüllen von Löwen, das Lachen, Schreien und Klatschen der Zuschauer und manches andere, was er sich nicht erklären konnte. Heute wollte er es wissen, was eigentlich da drinnen im Zelt
10 vorging. Er fasste sich ein Herz und stieg vom Himmel herunter und klopfte an das Kassenfenster am Zirkuseingang. Da saß eine junge Frau, die machte die Scheibe auf und fragte, was er wolle.

„Ich bin der Mond", sagte der Mond, „ich möchte gern einmal
15 eine Zirkusvorstellung ansehen."

„Ich weiß nicht, ob das geht", sagte die Frau.

„Warum soll das nicht gehen?", fragte der Mond.

„Ja, ich habe nur Eintrittskarten für Kinder und für Erwachsene, aber keine für den Mond."

20 „Eintrittskarten?", fragte der Mond, „ich brauche doch keine Eintrittskarten, wenn ich zu den Menschen komme. Ihr braucht doch auch keine Eintrittskarten, wenn ihr zu mir kommt."

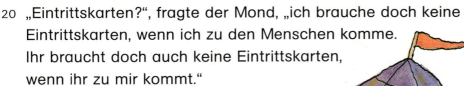

„Das stimmt", sagte die Frau, „aber ich muss erst den Zirkus-
25 direktor fragen. Ich bin gleich wieder da." Und dann machte
sie das Fenster zu und ging zum Zirkusdirektor, während der
Mond sich ein Pfeifchen ansteckte und vor der Kasse wartete.
„Herr Direktor, draußen ist der Mond und will sich mal eine
Zirkusvorstellung ansehen."
30 „Kann er denn Eintritt bezahlen?"
„Ich glaube nicht."
„Ohne Eintrittskarte kommt niemand rein."
„Auch der Mond nicht?"
„Auch der Mond nicht."
35 „Aber, er kann ja vielleicht leuchten."
Der Zirkusdirektor dachte eine Zeit lang nach. „Richtig,
der Mond kann ja leuchten. Da sparen wir Geld für Strom."
Doch dann kamen ihm wieder Bedenken. „Aber das gibt doch
viel Umstände mit dem Aufhängen und so, wir müssen ihm
40 doch einen Haken reindrehen und ihn in der Zirkuskuppel
aufhängen."
„Aber der Mond kann doch fliegen", sagte die Frau.
„Ach so", sagte der Zirkusdirektor.
„Also, soll ich ihn reinlassen?", fragte die Frau.
45 „Na gut", sagte der Zirkusdirektor, „aber durch den Eingang
für Elefanten, damit er mit seinem dicken Bauch nicht die Tür
kaputtmacht."
„Ist gut", sagte die Frau und ging zurück zur Kasse, wo der
Mond gerade seine Pfeife ausklopfte.
50 „Ja, Sie dürfen rein", sagte die Frau zum Mond, „aber nur,
weil Sie so hell leuchten und der Zirkusdirektor das Geld
für elektrisches Licht spart."
Der Mond brummte etwas in seinen Bart, was die Frau nicht
verstand, und dann ließ er sich von ihr den Eingang für
55 Elefanten zeigen, denn durch die Tür für Menschen hätte er
wirklich nicht hindurchgepasst. Dann flog der Mond hoch in
die Zirkuskuppel und leuchtete. So hell leuchtete er, dass alle,
die an diesem Abend in den Zirkus kamen, zuerst ganz

geblendet waren und fragten: „Hat der Zirkus eine neue Lampe?" Aber dann sahen sie es alle: Da oben hing der Mond in der Zirkuskuppel, so groß, wie sie ihn noch nie gesehen hatten.

An diesem Abend waren alle ein bisschen abgelenkt, weil sie immer wieder mal zum Mond hinschielen mussten.

Die Kunstreiterin wäre beinahe vom Pferd gefallen. Die Artisten auf der Luftschaukel hätten sich beinahe verfehlt, und die Kapelle hatte noch nie so viele falsche Töne gespielt, weil die Musikanten nicht richtig in die Noten schauten. Aber dem Clown fielen gleich ein paar neue Mondwitze ein, und am lautesten lachte der Mond selbst darüber. Als der Mond sich aber eine Pfeife anzünden wollte, rief der Zirkusdirektor über Mikrofon: „Rauchen verboten!" Da zog der Mond ein schiefes Gesicht und machte eine halbe Stunde nur Halbmond. Aber nachher, als die große Löwennummer kam, war er wieder voll bei der Sache.

Als die Vorstellung zu Ende war und alle Zuschauer das Zelt verlassen hatten, wollte auch der Mond wieder durch den Elefantenausgang raus. „Halt!", rief der Zirkusdirektor, „laufen Sie nicht weg! Ich habe mir überlegt, Sie kriegen bei mir einen Arbeitsvertrag. Sie können nicht nur leuchten, sondern Sie sind die große Attraktion meines Zirkus. Vielleicht machen wir sogar eine neue Nummer: Raketenfahrt zum Mond oder so."

Aber der Mond ließ sich nicht festhalten und sagte zum Zirkusdirektor: „Sie können mir mal im Mondschein begegnen." Und dann flog er wieder dahin, wo er hingehörte. Am Himmel sprach es sich bald herum, dass der Mond im Zirkus gewesen war. Noch nie hatte er so viel Besuch von neugierigen Sternen gehabt, die alle hören wollten, wie es im Zirkus gewesen war. Aber der Mond ist ein stiller Geselle, und wenn die anderen Sterne wissen wollen, wie es im Zirkus ist, dann werden sie wohl selbst einmal runterkommen müssen.

Heinrich Hannover

Till bäckt Eulen und Meerkatzen

„Der ist ja verrückt", sagen die Leute oft, wenn sie von Tills Streichen hören. Und ein paar Gescheite, die noch lachen können, sagen dann: „Ja, Gott sei Dank, dass es das noch gibt, einen, der die Dinge verrückt, so wie es
5 ihm gefällt, damit nicht immer alles das gleiche Gesicht und die gleiche Ordnung hat!"
Eines Tages kam Till zu einem Bäcker, der dringend nach einem Gesellen suchte. Schon nach wenigen Tagen ließ der Bäckermeister Till kommen und bat ihn, an seiner Stelle
10 das Backen zu übernehmen. Bis zum Morgen müsse alles fertig sein. „Ja, was soll ich denn backen?", fragte Till. Der Meister wurde zornig und rief spöttisch:
„Na, was pflegt ein Bäcker schon zu backen? Eulen und Meerkatzen natürlich!"
15 Als nun der Bäcker am frühen Morgen in die Backstube kam, fand er keine einzige Semmel und keinen einzigen Brotwecken. Er sah überall nur gebackene Eulen und Meerkatzen, Eulen und Meerkatzen in allen Größen, wohin er auch schaute.

20 „Ja, bist du denn von allen guten Geistern verlassen!", tobte der Bäckermeister.

„Was hast du denn gebacken?"

„Was Ihr mich geheißen habt", sagte Till ruhig, „Eulen und Meerkatzen." Der Bäcker schimpfte und fluchte und wollte
25 sich nicht beruhigen. „Nimm dein Narrenzeug und verschwinde!", schrie er mit hochrotem Kopf.

Till musste auch noch den Teig bezahlen, den er verbraucht hatte. Er gab dem Bäcker das Geld, steckte alle seine Eulen und Meerkatzen in einen Korb und ging rasch
30 davon. Er stellte sich vor die Kirche und zeigte allen Leuten, die vorbeikamen, den Alten und den Jungen, seine gebackenen Eulen und Meerkatzen.

Und da der nächste Tag St. Nikolaustag war und alle Leute nach kleinen Geschenken suchten, kam ihnen der sonderbare
35 Bäckergeselle mit seinen Eulen und Meerkatzen gerade recht. „Endlich einmal etwas Neues!", sagten sie. „Nicht immer nur diese langweiligen, runden Semmeln!" Und sie kauften und kauften und Till verdiente viel mehr Geld, als er dem Bäcker für den Teig gegeben hatte.

neu erzählt von Heinz Janisch

Verkehrte Welt

Vorigen Handschuh verlor ich meinen Herbst,
da ging ich ihn finden, bis ich ihn suchte.
Da kam ich an eine Guckte und schlucht hinein,
da saßen drei Stühle auf drei großen Herren,
da nahm ich meinen guten Tag und sagte:
Guten Hut, meine Herren,
da bring ich drei Paar Strümpfe
auf drei Pfund Garn,
sie sollten morgen fertig werden,
dass ich sie heut noch anziehen kann.

Dunkel war's

Dunkel war's, der Mond schien helle,
Schnee lag auf der grünen Flur,
als ein Wagen blitzesschnelle
langsam um die Ecke fuhr.

Drinnen saßen stehend Leute,
schweigend ins Gespräch vertieft,
als ein totgeschossner Hase
auf der Sandbank Schlittschuh lief.

Und ein blond gelockter Jüngling
mit kohlrabenschwarzem Haar
saß auf einer blauen Kiste,
die rot angestrichen war.

Katzenhühnermäusehundekühequatsch

Unsre Katze hat zwei Hörner.
Früh bekommt sie Weizenkörner,
dann legt sie ein Frühstücksei.
Drückt sie richtig, werden's zwei.
Die Hühner jagen Mäuse über einen
　Hügel.
Die Mäuse haben blau und schwarz
　gestreifte Flügel.
Und fliegen ihnen fort.
Besuchen uns im Kinderhort.
Wir locken sie mit Käse,
da rümpfen sie die Näse.
Sie wollen lieber trocknes Gras
schlürfen aus der Blumenvas.
Das hat der Hund gefressen,
wie konnten wir's vergessen.
Putt, putt, putt, ihr Kühe,
macht euch doch die Mühe,
gebt wieder Milch statt Malzkaffee,
sonst schmeißen wir mit heißem
　Schnee.

Christiane Grosz

Werkstatt

Eine sonderbare Geschichte

Ich wollte meinem Goldfisch das Krähen beibringen.
Nun probierte ich es schon das 109. Mal an diesem Tag.
Aber mein Goldfisch krähte nicht. Ich lockte ihn mit viel Futter
und dachte: Nun sag ich noch einmal „Kikeriki", und dann
wird er ganz bestimmt krähen.
Aber nichts geschah. Er fraß nur das Futter auf, steckte
sein Maul aus dem Wasser und schnappte nach Luft.
Doch auf einmal sagte er: „Hallo." Mir stiegen die Haare
zu Berge.
Ich wartete. Schließlich kam mein Goldfisch noch mal
aus dem Wasser und krähte. Dann legte er drei Hühnereier.
Ich wurde rot im Gesicht, schaute nochmals ins Aquarium und
dachte: Morgen bringe ich meinem Goldfisch
das Autofahren bei.

Marcel, 10 Jahre

Jetzt sollst du selbst eine verrückte, sonderbare Geschichte aufschreiben. Du kannst es so machen wie Marcel oder auch von einem ganz verrückten Tag erzählen.

Blätter an meinem Kalender

Zwölf Monate hat das Jahr

Im Januar bläst der Wind so kalt,
im Februar laut das Jagdhorn schallt.
Im Märzen lasst uns Körner legen.
April neckt uns mit Sonnenregen.
Der Mai bringt uns den Vogelsang,
Juni, der macht die Tage lang.
Der Juli sieht die Ähren schwer,
August mäht alle Felder leer.
Septemberäpfel – schwer und rund,
Oktober färbt die Blätter bunt,
November reißt sie von den Bäumen.
Dezember naht mit Weihnachtsträumen.

So rundet sich das volle Jahr,
das Ende zeigt, ob gut es war.

Hannes Hüttner

Neujahrswünsche

Ich habe in jedem Januar
So viele Wünsche fürs neue Jahr:

Ich wünsch mir im Winter die Sonne des Mais,
Den Sommer im März und den Juli nicht heiß,

Ich wünsche mir sehr einen Tag ohne Nacht
Und ein Meer ohne Wind, das nie Wellen macht,

Ich wünsche mir frisches Brot ohne Rinde
und Pfirsichblüten auf einer Linde,

Dass Hunde und Katzen in Frieden leben
Und dass uns Milch alle Brunnen geben.

Wünsch ich mir zu viel? Dann will ich es nicht.
Dann wünsch ich mir nur ein frohes Gesicht.

Gianni Rodari

Wir feiern Fasching

Ich heiße Steffi. Ich wohne auf dem Dorf. Unsere Schule ist ganz klein. Nur vier Klassen! Ich bin in der dritten. Wir sind achtzehn Kinder und wir vertragen uns alle gut. Unser Lehrer heißt
5 Herr Ecker. Den mögen wir gern. Er ist so lustig und er hat eine Gitarre. Wir singen viel und denken uns zusammen Geschichten aus und spielen Theater, und Feste feiern wir auch. Im Februar haben wir Fasching gefeiert, davon muss ich
10 erzählen.
Wir haben die Klasse mit Luftballons und Papierschlangen geschmückt. Über der Tür hing ein Schild, darauf stand: ZIRKUS BRUMM, und wir hatten uns alle als Zirkusleute oder Zirkustiere verkleidet.
15 Wer wollte, konnte auch etwas vormachen. Ich bin als Kunstreiterin gegangen, mit dem Steckenpferd von meinem Bruder. Meine Freundin Martina war Seiltänzerin und der Jan ein Affe auf dem Dreirad. Er hatte ein ganz kleines Dreirad. Das ist zusammen-
20 gekracht, weil der Jan so groß und dick ist.
Herr Ecker kam als Löwe! Mit einer großen, gelben Mähne und einem langen Löwenschwanz.
„Huuuuuu!", brüllte er. „Ich bin ein furchtbar wilder Löwe, der Gitarre spielt. Zuhören! Wer nicht zuhört,
25 wird aufgefressen!"
Dann spielte er ein Löwenlied. Das hatte er sich extra für das Fest ausgedacht. Der Anfang ging so:

Ich bin ein Löwe, huhuhu!
Ich habe weder Strümpf' noch Schuh',
30 ich habe große Pfoten
und Streicheln ist verboten.

Irina Korschunow

Jeds Jahr

Jeds Jahr kommt der Frühling wieder,
jeds Jahr gehts ins Fruahjahr naus.
Krokus blüht und später Flieder,
und die Tulpen spitzen naus.

Helmut Zöpfl

März

Und aus der Erde schauet nur
Alleine noch Schneeglöckchen;
So kalt, so kalt ist noch die Flur,
Es friert im weißen Röckchen.

Theodor Storm

Veilchen

Veilchen stellt ein braves Kind
in ein Glas, wenn es sie find't.
Findet sie jedoch die Kuh,
frißt sie sie und schmatzt dazu.

Bertolt Brecht

Mai

Der Pirol flötet in der Frühe.
Die Höfe sind vom Flieder blau.
Und wenn ich mich hinausbemühe,
Fällt auf mich der Morgentau.

Eva Strittmatter

Das Oster-Abc

Alle Vögel singen schon,
Blumen blühn im Garten,
Crocus, Veilchen, Anemon,
Die verschämten zarten.
Eine Amsel schwatzt vom Mai,
Ferne blasen Hörner,
Glocken läuten nahebei,
Hühnchen suchen Körner.
Ida flicht sich einen Kranz,
Jakob neckt ein Zicklein,
Küsters Frieda träumt vom Tanz,
Ludwig macht sich piekfein.
Mutter Margaretha fährt
Nobel zur Kapelle.
Ottokar, der Mops, verzehrt
Plätzchen auf der Schwelle.
Quicklebendig wird's im Haus:
Ruth und Xaver Meier
Suchen fleißig drin und drauß'
Taubenblaue Eier.
Unterm Bett, in Uhr und Hut,
Vase, Topf und Lade
Wühlen sie. Da findet Ruth
Xavers Schokolade.
Ypsilon, ist das nicht nett?
Zett!

James Krüss

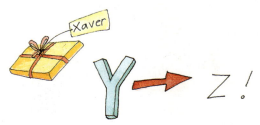

Mariä Himmelfahrt

Seit über tausend Jahren wird am 15. August das Fest *Mariä Himmelfahrt* gefeiert. An diesem Tag werden sommerliche Kräuter gesegnet. So heißt der Festtag in manchen Gegenden auch *Mariä Kräuterweihe* oder *Büschelfrauentag*.
Wie kommt das?

5 Die Christen feiern, weil Gott an diesem Tag Maria, die Mutter Jesu, auf besondere Weise vom Tode erweckt hat. Es wird erzählt, dass die Freunde Marias nach ihrem Tode das Grab noch einmal geöffnet hatten. Aber sie fanden das Grab leer. Anstelle des Leichnams lagen nur wunderschöne Blumen und Kräuter in dem Grab, die einen herrlichen Duft verströmten.

10 In Vorbereitung auf das Fest sammeln viele Leute einen Kräuterstrauß. An Marias Kräuterfest bringen sie ihn mit in den Gottendienst um ihn segnen zu lassen. Der Strauß kann unterschiedliche Kräuter enthalten, je nachdem, was in der Gegend wächst. Aber neun verschiedene Kräuter sollten es schon sein.

Schön sieht es aus, wenn eine Königskerze in der Mitte des Straußes steht und
15 rund um die Kräuter noch Ähren gesteckt werden. Im Gedenken an Maria kann auch noch eine Rose oder eine Lilie oder sonst eine besonders schöne Blume dazu genommen werden.

Hermine König (stark bearbeitet)

August

Es kommt eine Zeit
da wachsen die Bäume
in den Himmel
Die Blumen wollen so groß sein
wie Bäume
Der Himmel
hoch oben
hat Wolken

Es kommt eine Zeit
da gehen rote Pilze
durch den Wald
und schwarz gelackte Käfer

Da ist die Sonne so heiß
dass man sie nicht anfassen kann

Da wächst es rot an den Sträuchern
und blau an den Gräsern
Das sind die Tage der Beeren

Elisabeth Borchers

Einkehr

Bei einem Wirte wundermild,
da war ich jüngst zu Gaste.
Ein goldner Apfel war sein Schild
an einem langen Aste.

Es war der gute Apfelbaum,
bei dem ich eingekehret.
Mit süßer Kost und frischem Schaum
hat er mich wohl genähret.

Es kamen in sein grünes Haus
viel leicht beschwingte Gäste.
Sie sprangen frei und hielten Schmaus
und sangen auf das Beste.

Ich fand ein Bett zu süßer Ruh'
auf weichen grünen Matten.
Der Wirt, er deckte selbst mich zu
mit seinem kühlen Schatten.

Nun fragt' ich nach der Schuldigkeit,
da schüttelt' er den Wipfel.
Gesegnet sei er allezeit
von der Wurzel bis zum Gipfel!

Ludwig Uhland

Apfelkonfekt

Wir brauchen:
- ein Stövchen mit Teelicht
- eine kleine feuerfeste Schale
- zwei Teelöffel
- eine Unterlage
- runde Backoblaten
- Kuvertüre (Schokoladenglasur)
- Äpfel

So wirds gemacht:
- Teelicht anzünden
- Kuvertüre in die Schale geben
- Schale auf das Stövchen stellen
- mit dem Löffel gut umrühren, bis die Masse weich ist
- inzwischen Äpfel schälen und in Stücke schneiden
- die Apfelstücke nach und nach in die aufgelöste Kuvertüre geben

- alles gut verrühren
- Apfelstückchen mit dem Löffel herausnehmen und mit Hilfe eines zweiten Löffels auf eine Oblate abstreifen
- die Konfektstückchen trocknen lassen

Du kannst das Apfelkonfekt selbst essen oder hübsch verpackt verschenken.

Guten Appetit!

171

Das Herbstlaub

Im Herbst, als die Blätter von den Bäumen gefallen waren, lief der kleine Nachtwächter durch das raschelnde Laub und war
5 glücklich. Nacht für Nacht war er glücklich und am Tage auch. Eines Tages aber sprach ihn die Blumenfrau an. „Kleiner Nachtwächter", sagte sie, „alle
10 Gassen liegen voller Laub."
„Das stimmt", entgegnete der kleine Nachtwächter, und er lächelte ein wenig.
„Es ist unordentlich", sagte die
15 Blumenfrau.
„Es ist sogar sehr unordentlich", stellte der Drehorgelmann fest. Und der Bauer nickte mit dem Kopf und meinte: „Das Laub
20 muss fort!"
„Oh", sagte der kleine Nachtwächter und er blickte den Dichter an. Der Dichter aber schwieg und kratzte sich mit
25 dem Bleistift hinter dem Ohr. Das Mädchen mit den Luftballons brachte einen großen Besen und verlangte, der kleine Nachtwächter solle das Laub
30 aus den Gassen fegen. Dann

gingen die Leute in ihre Betten.
„Ist es nicht ein Jammer?", sagte der kleine Nachtwächter zu einer Eule, die eben vorüberflog. „Ich
35 finde, dass es ein Jammer ist!"
Doch weil die Leute es so verlangt hatten, nahm er den Besen und fegte das bunte Laub aus den Gassen. Stunde um Stunde arbei-
40 tete er und als die Sterne anfingen, blass auszusehen (weil sie müde waren, denn es wurde bald Tag), da hatte er einen riesigen Laubhaufen zusammengefegt. Der
45 kleine Nachtwächter stützte sich auf seinen Besen und verschnaufte ein wenig.
Da, plötzlich kam ein gewaltiger Wind auf und wirbelte die Blätter
50 hoch durch die Luft. Und noch ehe der kleine Nachtwächter sich von seinem Schreck erholt hatte, lagen alle Gassen wieder voller Laub – wie am Abend vorher.
55 „Oh!", sagte der kleine Nachtwächter und er überlegte, ob er weinen oder lachen sollte. Aber weil er ja schließlich seine Pflicht getan hatte, beschloss er, sich zu freuen. Er warf
60 den Besen fort, lief durch das raschelnde Laub und war glücklich.

Gina Ruck-Pauquèt

Ein großer Teich war zugefroren

Ein großer Teich war zugefroren,
die Fröschlein in der Tiefe verloren,
durften nicht ferner quaken noch springen,
versprachen sich aber im halben Traum,
fänden sie nur da oben Raum,
wie Nachtigallen wollten sie singen.
Der Tauwind kam, das Eis zerschmolz,
nun ruderten sie und landeten stolz
und saßen am Ufer weit und breit
und quakten wie vor alter Zeit.

Johann Wolfgang von Goethe

Winterabend am Dorfteich

Seit Tagen ist der Wellenschlag
des Sees im Winterwind erstarrt.

Der Vollmond – lächelnd – schläft im Eis.
Die Uferweide – schläfrig – knarrt.

Allein das Schilf, es ist noch wach.
Ganz leise flüstert es, ganz leis,

was es beim Schlittschuhlaufen sah,
was es vom Kinderlachen weiß.

Werner Lindemann

Nikolaussprüche

Nikolaus, du guter Mann,
klopfst an alle Türen an.
Bring mir Nuss und Mandelkern,
das essen alle Kinder gern.

Nikolaus, sei unser Gast,
wenn du was im Sacke hast.
Hast du was, so setz dich nieder!
Hast du nichts, so pack dich wieder.

Sinterklas, Sinterklas,
setz die Segel und bring mir was!
Deinen Weg verfehlst du nicht.
Auf der Brücke brennt ein Licht.

Knecht Ruprecht, ich will artig sein,
bescher mir was ins Schüsselein:
Äpfel, Nüsse, eins zwei drei,
und ein Püppchen auch dabei.

Gott grüß euch, ihr lieben Kinderlein,
Ihr sollt Vater und Mutter gehorsam sein,
So soll euch was Schönes bescheret sein;
Wenn ihr aber dasselbige nicht tut,
So bringe ich euch den Stecken und die Rut.
Amen.

Des Knaben Wunderhorn

Lauter Wünsche

Lieber Weihnachtsmann,
ich habe einen Doppelwunsch.
Hoffentlich ist das nicht zu viel.
Ändere bitte meine Mama, damit
sie nicht immer nörgelt, wenn es
bei mir im Zimmer unaufgeräumt
aussieht. Also nicht vergessen:
Mama entnörgeln.
Dann wünsche ich mir einen
Lehrer, der als Schüler selber
öfter mal was falsch gemacht hat.
So ein Lehrer weiß genau, wie man
sich dabei fühlt. Und der hilft
einem bestimmt. Solltest du meine
Wünsche nicht erfüllen können,
schenke mir bitte eine
Tarnkappe. Die setze ich
dann immer auf, wenn in
der Schule oder zu Hause
was nicht klappt.

Dein Thomas

Angelika Mechtel
„Der Engel auf dem Dach
und andere
Weihnachtsgeschichten"

Auf oamal braust's

Auf oamal braust's von ob'n her,
Als wia vo hundert Orgeln klingt's,
Als wia vo tausad Harfa singt's,
Und Engelstimma wundafei',
De klingan drei'.
Halleluja! Halleluja!
Und vo da Weit'n, vo da Näh
Und vo herunt bis z'höchst in d'Höh,
Und tuat bald laut, und bald vaschwimmt's
Ganz ob'n, und wieda runta kimmt's.
Halleluja!
Und in den hellen Jubelg'sang,
Im Orgel- und im Harfaklang
Hat jetzt
A tiafe Stimm o'g'setzt,
Mit G'walt,
So wia 'r a Glock'n hallt:
„Kommt alle z'samm!
Ihr braucht koa Furcht net hamm!
Die höchste Freud wird euch verkünd't,
Im Stall dort liegt das Christuskind.
So hat die Nacht
Den Heiland bracht
Zu dieser Stund.
Ehre sei Gott in der Höh'
Und Frieden den Menschen herunt!"

Ludwig Thoma

Da kommen drei Könige

Es spielen mit: Ein Spieler, der den Stern trägt und vor den drei Königen herzieht; die drei Könige Kaspar, Melchior und Balthasar; die Sprecherin und der Sprecher; vier Frauen und vier Männer.

Ein langer Zug von Frauen und Männern zieht hinter den drei Königen her. Es können auch noch Maria und Josef und die Krippe im Hintergrund aufgestellt werden, dazu Ochsen, Schafe, Esel, Katzen usw. So viele, dass kein Kind übrig bleiben muss.

SPRECHER:	Da kommen drei Könige, drei edle Herrn!
SPRECHERIN:	Drei Könige folgen dem hellen Stern.
BALTHASAR:	Ich bin der König Balthasar.
	Seht nur den Stern, so hell und klar!
KASPAR:	Ich bin König Kaspar und ging so weit.
	Ich folge dem Stern schon so lange Zeit!
MELCHIOR:	Und König Melchior, der bin ich!
	Seh ich den Stern, dann freu ich mich!
SPRECHER:	Das sind die drei Könige, drei edle Herrn!
SPRECHERIN:	Drei Könige folgen dem hellen Stern.
BALTHASAR:	He, Leute, wisst ihr vielleicht Bescheid?
	Wir sind unterwegs schon so lange Zeit!
KASPAR:	Wir folgen so lang schon dem hellen Stern.
	Wir suchen den neuen König, den Herrn!
MELCHIOR:	Der Stern am Himmel weiß viel, viel mehr.
	Drum ziehen wir alle hinter ihm her.
SPRECHER:	Seht ihr die drei Könige, drei edle Herrn?
SPRECHERIN:	Drei Könige folgen dem hellen Stern.
1. MANN:	Hört zu, ihr Männer, wir wissen nicht viel.
1. FRAU:	Vielleicht seid ihr hier aber richtig am Ziel!
2. MANN:	Sehr ihr den Stall dort drüben stehn?
2. FRAU:	Ihr solltet zu dem Stall schnell gehn!
3. MANN:	Ich weiß, dass dort zwei arme Leute sind.
3. FRAU:	Und in der Krippe liegt ein Kind.

4. Mann:	Es kamen Hirten, die sagten schon, das Kind im Stall sei Gottes Sohn.
4. Frau:	Drum haben sie sich in der dunklen Nacht sogleich zu ihm auf den Weg gemacht.
5. Mann:	Das Kind liegt im Stall auf Heu und Stroh.
5. Frau:	Doch heißt es, es macht alle Menschen froh.
6. Mann:	Es kam zu uns, dass sich jeder freut!
6. Frau:	Besonders die kleinen und armen Leut!
Die drei Könige:	Ein Wunder ist in dem Stall geschehn! Drum lasst uns schnell zu dem König gehn. Der König ist groß und wunderbar! Auf, Melchior, Kaspar, Balthasar!
Sprecher:	Da gehn die drei Könige, die edlen Herrn!
Sprecherin:	Und über dem Stall leuchtet hell der Stern.
Die Frauen und Männer:	Da bleiben wir auch nicht länger stehn. Auf, lasst uns schnell mit den Königen gehn! Das Kind in der Krippe ist Gottes Sohn. Es wissen immer mehr davon.

Alle laufen hinter dem Sternträger und den Königen zum Stall. Als alle im Stall sind, schließt sich die Tür. Nur der Sternträger bleibt mit seinem Stern davor stehen. Als Abschluss des Spiels können alle das Dreikönigslied „Der helle Stern" singen.

Rolf Krenzer

Werkstatt

Feste feiern

Man sollte öfter einmal Feste feiern,
und nicht erst, wenn eins fällt.
Man kann sie ohne Gäste feiern
und ohne Geld.

Ein hübsches Fest heißt: Freunde-Suchen.
Ein lustiges heißt: Lachen-Fest.
Es gibt das Fest der Pflaumenkuchen;
das Drachenfest.

Ich könnte euch noch viele nennen,
doch hoff ich, ihr versteht:
Man muss auch grundlos feiern können,
wenn's sonst nicht geht.

Rudolf Neumann

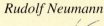

FESTE
Fasching
Schulfest
Zirkusfest
Erntedankfest
Wochenabschlussfest
Verkehrte-Welt-Fest

Wer macht was?

Dekoration	Anna, Sina
Apfelkonfekt	Benni, Sascha
Kinderbowle	Alex, Carlo
Einladungen	Nicole, Tanja
Programm	Rebas, Philipp

Werkstatt

Jahreszeitenrätsel

Welche ist die gefährlichste Jahreszeit?

Wie viel Monate haben 28 Tage?

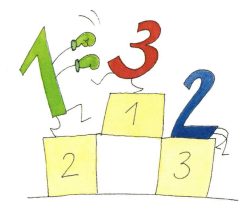

Welches sind die längsten Tage im Jahr?

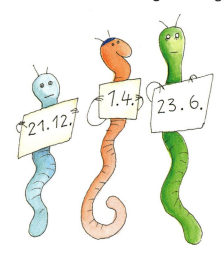

Wann hat das Jahr 30 Tage?

In welchem Monat essen wir am wenigsten?

Zwei Schwestern sind es,
die eine weiß, die andere schwarz.

Karin Heinrich

Das kleine Leselexikon
zum Nachschlagen, Lesen und Weiterschreiben

Autor Das Wort kommt aus dem Lateinischen und heißt Verfasser. Autorinnen und Autoren verfassen Geschichten, → Gedichte, Liedertexte, Theaterstücke, Hörspiele, Zeitungsartikel, Buchtexte … Manchmal werden Autoren auch Schriftsteller oder Dichter genannt. Bücher, Kassetten, Videos oder Zeitungen machen sie aber nicht selbst. Sie liefern das → Manuskript dafür.

Abenteuergeschichten Die Helden (→ Figur) in diesen Geschichten erleben Spannendes und Aufregendes und bestehen viele Gefahren. In ihrem Buch „Moritz in der Litfaßsäule" hat Christa Kožik Abenteuer des Helden Moritz geschildert. Auf den Seiten 147 bis 149 des Lesebuches kannst du das Abenteuer lesen: Moritz Reise zum Robotamus und seine Begegnung mit Robotern.

Bibel Das Wort kommt aus dem Lateinischen und Griechischen und heißt → „Buch". Manchmal wird die Bibel auch das „Buch der Bücher" genannt. In der Bibel stehen religiöse Texte ähnlich dem Text auf Seite 111 des Lesebuches.

Buch Das Wort ist vom Baum „Buche" hergeleitet, aus dessen Holz unsere Vorfahren Tafeln schnitten und in diese Buchstaben ritzten. Das Buch selbst hat eine sehr lange Geschichte, die mit vielen Erfindungen verbunden ist. Zum Beispiel der Erfindung der Schrift, des Papiers und des Buchdrucks. Im Mittelalter wurden Bücher, vor allem in Klöstern, von Hand geschrieben. Sie waren sehr kostbar. Das änderte sich erst um das Jahr 1440. Johannes Gutenbergs Erfindung des Buchdrucks mit beweglichen Buchstaben und Satzzeichen, den so genannten Lettern, machte es möglich, eine größere Anzahl von Büchern auf einmal und somit billiger herzustellen.

Dialog Dialog bedeutet Unterredung, Zwiegespräch. Zwei oder mehrere → Figuren (Gestalten, Personen) sprechen miteinander. Auf Seite 60 findest du einen Dialog zwischen einer Mutter und ihrem Sohn.
Du kannst auch eine Erzählung in einen Dialog umformen.

Drehbuch Egal, ob ein Puppenspiel, ein Hörspiel, ein Theaterstück, ein Fernsehspiel oder ein Film aufgeführt werden soll, man braucht dazu ein Drehbuch. Im Drehbuch stehen der vollständige Text des zu spielenden Stückes und alle anderen Einzelheiten, die für die Aufführung wichtig sind. Zum Beispiel gibt es Hinweise zum Handlungsort, zur Musik und zu Geräuschen, zu den Bewegungen und Kostümen der Spieler. Solche Hinweise kannst du auf den Seiten 60/61 lesen. Wie man ein Drehbuch schreibt, kannst du auf den Seiten 46/47 erfahren.

Fabel Das Wort kommt aus der lateinischen Sprache und bedeutet so viel wie erdichtete Geschichte. In diesen Geschichten begegnen sich meistens Tiere, die wie Menschen handeln und sprechen. Fabeln wollen eine Lehre erteilen. Fabeln kannst du auf den Seiten 41, 130 und 135 des Lesebuches finden.

Fernsehen Im Jahr 1925 wurden in Deutschland die ersten Fernsehbilder ausgestrahlt. Eine ganz neue Form der Unterhaltung und Information war geboren. Was das Fernsehen so beliebt macht: Man kann zum Beispiel sehen, was am anderen Ende der Welt passiert, ohne das Haus zu verlassen.

Fibel Viele Kinder lernen auch heute noch mit einer Fibel das Abc und das Lesen. Das Wort Fibel ist vermutlich durch eine Abwandlung von → Bibel entstanden. Der Bibel wurden früher, als es noch keine Bücher für Kinder gab, die Leseübungstexte entnommen.

Figur In Geschichten, Märchen, Sagen, Hörspielen, Fernsehstücken und anderen Texten begegnet man Menschen, manchmal handeln auch Tiere, Zauberwesen und Gegenstände. Sie alle werden als Figuren, Gestalten oder Personen, manchmal auch als Helden bezeichnet. Eine besonders lustige Figur ist Till Eulenspiegel (→ Schwank), eine schon kleinen Kindern gut bekannte das Rotkäppchen (→ Märchen).

Gedicht

Im Wort „Gedicht" stecken die Wörter aus älterer Zeit für schreiben und schaffen. Der Dichter schafft einen Sprecher und lässt diesen seine Beziehung zur Welt, oft zur Natur, ausdrücken. Der Sprecher tut dies in einfallsreichen Bildern, die man entschlüsseln kann. Die Sprache im Gedicht ist meistens knapp, dicht. Die Wörter werden besonders ausgewählt und haben einen bestimmten Platz. Die Sprache im Gedicht hat auch einen besonderen Klang und Rhythmus. Das merkt man am besten, wenn man ein Gedicht spricht.

Handlung

Handlung ist das, was in einer Geschichte, einem Märchen, einer Erzählung … geschieht, wenn die Figuren streiten, Kummer haben, Freunde suchen, träumen, reisen …

Interview

Im Interview befragt ein Journalist oder ein Reporter jemanden, von dem er etwas Neues und Interessantes erfahren möchte, um es anderen mitzuteilen. Im Lesebuch wird Rotkäppchen von einem Reporter interviewt (Seite 124/125). Weitere Interviews findest du auf den Seiten 22 und 80.

Jägerlatein

Jägerlatein und Anglerlatein sind scherzhafte Bezeichnungen für die Erzählungen der Jäger und Angler von ihren übertriebenen oder erfundenen Erlebnissen auf der Jagd und beim Angeln. Du findest Jägerlatein im Lesebuch auf der Seite 142.

Kassette

Kassetten haben die Schallplatten als Tonträger verdrängt. Auch Bücherwürmer schätzen Kassetten. Es gibt Musikkassetten, Hörspielkassetten und Videokassetten. Als weiterer Tonträger findet heute die CD großes Interesse. Büchereien leihen neben Büchern auch Kassetten und CDs aus.

Kehrreim

→ „Reim" hieß in älterer Sprache auch „Zeile". In → Gedichten und besonders in → Liedern werden manchmal ganze Zeilen wiederholt, sie kehren wieder und gliedern dadurch die Strophe. Diese Wiederkehr von Zeilen nennt man Kehrreim oder Refrain. Einen Refrain hat das Lied auf Seite 75.

Lesezeichen Was wird nicht alles als Lesezeichen verwendet: ein Streifen Papier, ein Schnürsenkel, ein Grashalm oder auch ein Kleeblatt. In manchen Büchern sind als Lesezeichen oben im Bucheinband Seidenbänder befestigt.

Lied Ein Lied ist ein → Gedicht, das zum Singen bestimmt ist. Das Gedicht oder der Liedtext stammt von einem Dichter. Der Verfasser der Melodie, auch Weise genannt, ist ein Komponist. Manchmal sind Dichter und/oder Komponist unbekannt.
Es gibt Volkslieder, Kunstlieder, Kirchenlieder, Kinderlieder, Schlager, Wanderlieder, Kanons, Schnaderhüpferl ...

Märchen „Es war einmal", „vor langer Zeit" – wer denkt da nicht gleich an Märchen. Märchen werden in aller Welt erzählt und gelesen. Sie sind spannend, manchmal gruselig und grausam, friedlich, wunderbar, lustig ... Meist werden die Bösen und Faulen bestraft, die Guten und Fleißigen belohnt. Märchen wie Dornröschen, Rumpelstilzchen und Rotkäppchen wurden von den Brüdern Grimm gesammelt und aufgeschrieben. Über sie kannst du auf Seite 116 mehr erfahren. Auch Märchendichter wie Wilhelm Hauff (Der kleine Muck, Zwerg Nase, Kalif Storch ...) und Hans Christian Andersen (Das Feuerzeug, Des Kaisers neue Kleider, Däumelinchen, Die Prinzessin auf der Erbse ...) sind mit ihren Märchen berühmt geworden. Märchen werden auch heute noch geschrieben, zum Beispiel das auf Seite 126.

Manuskript „Manuskript" kommt aus dem Lateinischen und heißt „mit der Hand Geschriebenes". Ein → Autor verfasst ein Manuskript, damit daraus ein → Buch, ein Video, eine Hörspielkassette, ein Film entstehen kann. Manche Leute stellen es sich einfach vor, ein Manuskript zu schreiben. So einfach ist das aber nicht, sondern es ist manchmal noch viel schwerer, als einen Aufsatz zu schreiben. Heute schreibt jeder Autor seine Manuskripte auf seine Weise, mit der Hand, mit der Schreibmaschine oder am besten mit dem Computer.

Quellenverzeichnis

Für ein Lesebuch werden Texte aus anderen Büchern oder Zeitschriften übernommen. Die Fundstellen sind die Quellen. Sie müssen genannt werden. Alle Quellen von Lesebuchtexten stehen am Ende des Lesebuches im Quellenverzeichnis. Meistens sind sie nach dem Abc geordnet.

Reim

Reim ist ein Spiel mit dem Klang der Sprache. Auch in → Gedichten gibt es Reime, dies muss aber nicht so sein. Sehr häufig findet man in Gedichten den Endreim. Bei ihm reimen sich die Wörter am Ende der Gedichtzeilen. Die Art des Endreims kannst du leichter herausfinden, wenn du zu den Wörtern, die sich reimen, die gleichen Buchstaben schreibst. Der Endreim kann zum Beispiel ein Paarreim oder ein Kreuzreim sein. Dann reimen sich Wörter so:

Paarreim:	Nikolaus, du guter Mann,	(a)
	klopfst an alle Türen an.	(a)
	Bring mir Nuss und Mandelkern,	(b)
	das essen alle Kinder gern.	(b)
Kreuzreim:	Bei einem Wirte wundermild,	(a)
	da war ich jüngst zu Gaste.	(b)
	Ein goldner Apfel war sein Schild	(a)
	an einem langen Aste.	(b)

Sage

Sagen haben viel Verwandtschaft mit → Märchen. Beide erzählen von sonderbaren Ereignissen. In beiden können Geister, Zwerge, Hexen und Teufel auftreten. Anders als das Märchen aber knüpft die Sage an Tatsächliches an, zum Beispiel an einen Ort oder eine Gegend, an ein Naturereignis oder ein geschichtliches Ereignis. Zwei Sagen findest du im Lesebuch auf den Seiten 94 und 95. Eine große Sagensammlung haben 1816 bis 1818 die Brüder Jacob und Wilhelm Grimm herausgegeben.

Schwank Bei einem kurzen, komischen Ereignis übertrumpft der Held (→ Figur) der Geschichte einen scheinbar Überlegenen. Der bekannteste Held deutscher Schwänke ist der Narr Till Eulenspiegel. Du findest einen seiner Streiche auf den Seiten 158/159. Sein Bruder aus der Türkei nennt sich Nasreddin Hodja. Die beiden haben mit ihren Späßen schon viele Menschen zum Lachen gebracht.

Wörterwurm Der Wörterwurm ist nur ein sehr entfernter Verwandter des Bücherwurms. Er ist ein Sprachspiel. Es kann so gehen: Ein Mitspieler nennt ein zusammengesetztes Wort. Der nächste Spieler muss schnell ein neues zusammengesetztes Wort finden, das mit dem zweiten Teil des vorher genannten Wortes beginnt, also zum Beispiel: Lese**zeichen** – **Zeichen**stunde – Stundenglas – Glas … Dir fallen bestimmt noch andere Spielmöglichkeiten ein.

Zeitung Zeitung, ursprünglich „Nachricht", „Kunde" oder „Botschaft". Zeitungen sind Nachrichtenblätter, die täglich oder wöchentlich erscheinen. Sie melden wichtige Ereignisse aus dem Inland und dem Ausland und zeigen dazu oft Fotos. Sie berichten über Politik, Wirtschaft, Sport, Kultur. Außerdem gibt es einen Anzeigenteil. Zeitungen gibt es in großer Vielfalt: Tageszeitungen, Wochenzeitungen, Morgenzeitungen, Abendzeitungen … Klassen- und Schülerzeitungen. Die erste Tageszeitung Europas erschien 1650 in Leipzig.

Hast du es gewusst? Rätselauflösungen

Seite 142: Hirsch, Eichhörnchen, Kuckuck, Fuchs, Dachs, Wildschwein, Rehbock, Vogel

Seite 182: Der Frühling, die Bäume schlagen aus, der Salat schießt · Alle Monate haben 28 Tage und mehr · Die Tage, die die kürzesten Nächte haben · Am 30. Januar · Im Februar · Der Tag und die Nacht

Verfasser- und Quellenverzeichnis

(S. 81) **Andel, Lydia van:** Nicht hören können (gekürzt). Aus: Der Guckkasten. Saatkornverlag GmbH, Grindelberg germany 1992, © De Ruiter, Gorinchem, Niederlande 1991.
(S. 66) **Auer, Martin:** Kim hat Sorgen. Aus: Was niemand wissen kann. Seltsame Verse und sonderbare Geschichten. Beltz Verlag, Weinheim und Basel, Programm Beltz & Gelberg 1992.
(S. 41) (nach) **Äsop:** Der Löwe und die Maus. Aus: Unterwegs 6, Ernst Kett Schulbuchverlag GmbH Stuttgart 1992.
(S. 131) **Baumbach, Rudolf:** Die Gäste der Buche. Aus: Hans-Otto Tiede (Hrsg.): Sieben Blumensträuße. Reime und Gedichte für den Kindergarten. Volk und Wissen Verlag, Berlin 1983.
(S. 112/113) **Bintig, Ilse:** Uroma erzählt aus ihrer Schulzeit. Aus: Ilse Binting, Die Leierkastenfrau. Uroma erzählt von früher. Verlag Georg Bitter Recklinghausen 1995.
(S. 26) **Bolliger, Max:** Der Talismann. Aus: Schule muss nicht ätzend sein. Neue Schulgeschichten für Grundschulkinder. Hrsg.: Hans Gärtner. Echter Verlag Würzburg 1995.
(S. 169) **Borchers, Elisabeth:** August. Aus: Und oben schwimmt die Sonne davon. Verlag Heinrich Ellermann München 1975.
(S. 90) **Brandes, Sophie:** Meine Stadt. Aus: Der fliegende Robert. 4. Jahrbuch der Kinderliteratur. Beltz Verlag Weinheim und Basel, Programm Beltz & Gelberg 1991.
(S. 70/71) **Bräunling, Elke:** Kranksein ist schön. Aus: Karin Jäckel's Gesundlachgeschichten. Georg Bitter Verlag Recklinghausen 1993.
(S. 11, S. 166) **Brecht, Bertolt:** (S. 11) Alfabet (Auszug). Aus: Ein Kinderbuch. Suhrkamp Verlag 1966. (S. 166) Veilchen. Aus: Gesammelte Werke in 20 Bänden (Bd. 9). Suhrkamp Verlag Frankfurt/Main 1967.
(S. 137) **Breitenfeldt, Tom:** Der kleine König der großen Tiere. Aus: 3. Ein königliches Vergnügen. © Tom Breitenfeldt und Carlsen Verlag GmbH, Hamburg 1999.
(S. 54/55, S. 176) **Bröger, Achim:** (S. 54/55) Mama, ich hol Papa ab. Aus: Achim Bröger, Mama, ich hol Papa ab. Rowohlt Taschenbuch Verlag GmbH Reinbek bei Hamburg 1992. (S. 176) Lauter Wünsche. Aus: Neue Advents- und Weihnachtsgeschichten Kindern erzählt. Hrsg.: Steffi Baum. Gütersloher Verlagshaus 1995.
(S. 88/89) **Der Mittelpunkt Bayerns.** Nach Informationen aus: Elke Barten: München auf kleinen Füßen. Ein Stadtführer für Kinder und Eltern. Verlagsanstalt „Bayerland", Dachau 1998 und die Beschreibung des Glockenspiels nach Informationen aus: Alfons Schweiggert: Bayerische Märchen. Ehrenwirth Verlag, München 1995.
(S. 175) **Des Knaben Wunderhorn:** Nikolaussprüche. Aus: Alte deutsche Lieder. Gesammelt von Ludwig Achim von Arnim und Clemens Brentano. 3.Bd, Rütten & Loening Berlin 1966.
(S. 129) **Die Eiche.** Originalbeitrag.
(S. 145) **Ehrhardt, Monika/Lakomy, Reinhard:** Kleine Wolke. Aus: Monika Ehrhardt/Reinhard Lakomy, Der Traumzauberbaum, Geschichtenlieder. Edition Peters Leipzig/Dresden 1985. © Ehrhardt, Monika/Lakomy, Reinhard.
(S. 37) **Eichendorff, Joseph von:** Bist du manchmal auch verstimmt. Aus: Rosenblättchen. Aus romantischer deutscher Dichtung. Der Kinderbuchverlag Berlin 1989.
(S. 16) **Färber, Werner:** Ein Gedicht. Aus: Was für ein Glück. 9. Jahrbuch der Kinderliteratur. Hrsg.: Hans-Joachim Gelberg. Beltz Verlag Weinheim und Basel 1993.
(S. 128) **Feustel, Günther:** Im Wald der verhexten Tiere. Aus: ABC-Zeitung 10/91.
(S. 19) **Fröhlich, Roswitha:** Wunder über Wunder. Aus: Das achte Weltwunder. 5. Jahrbuch der Kinderliteratur. Hrsg.: Hans-Joachim Gelberg. Beltz Verlag Weinheim und Basel 1979.
(S. 91) **Gelbke, Silke:** Es war einmal ein Haus. Aus: Ich schreibe. Hrsg.: Eva-Maria Kohl. Der Kinderbuchverlag Berlin 1989.
(S. 135) **Gellert, Christian Fürchtegott:** Der Kuckuck. Aus: Fabeln und Erzählungen. Reclam-Verlag, Leipzig 1984.
(S. 174) **Goethe, Johann Wolfgang von:** Ein großer Teich war zugefroren. Aus: Sieben Blumensträuße. Hrsg.: Hans-Otto Tiede. Verlag Volk und Wissen Berlin 1987.
(S. 116, S. 117–120) **Grimm, Jakob und Wilhelm:** (S. 116) Zitat aus: Über das Deutsche. Schriften zur Zeit-, Recht-, Sprach- und Literaturgeschichte. Reclam Verlag Leipzig 1986. (S. 117–120) Dornröschen. Aus: Die Märchen der Brüder Grimm. Verlag Neues Leben Berlin 1984.
(S. 161) **Grosz, Christiane:** Katzenhühnermäusehundekühequatsch. Aus: Christiane Grosz, Katze im Sack. Der Kinderbuchverlag Berlin 1985.
(S. 15, S. 27, S. 108, S. 146) **Guggenmos, Josef:** (S. 15) Sassafras. Aus: Ein Elefant marschiert durchs Land. Georg Bitter Verlag Recklinghausen 1968. (S. 27) So ein Tag. Aus: Oh, Verzeihung, sagte die Ameise. Beltz Verlag Weinheim und Basel 1990. (S. 108) Fiftifeif und Twentifor. Aus: Der fliegende Robert. 4. Jahrbuch der Kinderliteratur. Hrsg.: Hans-Joachim Gelberg. Beltz Verlag Weinheim und Basel 1991. (S. 146) Da lieg ich im Bett. Aus: Was für ein Glück. 9. Jahrbuch der Kinderliteratur. Hrsg.: Hans-Joachim Gelberg. Beltz Verlag Weinheim und Basel, Programm Beltz & Gelberg, 1993.
(S. 10) **Gundelach, Reinhard:** Verschlafen. Aus: Die Hexe bürstet ihren Drachen. Der Kinderbuchverlag Berlin 1982.
(S. 36) **Gündisch, Karin:** Lisa. Aus: 8. Jahrbuch der Kinderliteratur. Verlag Beltz & Gelberg Weinheim 1988.
(S. 67) **Günther, Philipp:** Aufgeregt im Kinderzimmer. Aus: Ellermann Leselexikon. Hrsg.: Rosemarie Wildermuth. Verlag Heinrich Ellermann München 1993.
(S. 106/107) **Hanisch, Hanna:** Tante Dabbelju fährt in den Zoo. Aus: Hanna Hanisch, Drei-Minuten-Geschichten. Rowohlt Taschenbuch Verlag GmbH Reinbek 1975.
(S. 155–157) **Hannover, Heinrich:** Der Mond im Zirkuszelt. Aus: 6. Jahrbuch der Kinderliteratur. Beltz Verlag Weinheim und Basel 1981.
(S. 127) **Harranth, Wolf:** Erde. Aus: Mein Bilderbuch von Erde, Wasser, Luft und Feuer. Ravensburger Buchverlag Otto Maier o.J.
(S. 10, S. 132) **Härtling, Peter:** (S. 10) Sofie hat einen Vogel. Aus: Sofie macht Geschichten. Beltz Verlag Weinheim und Basel 1980. (S. 132) Das wandernde Bäumlein. Aus: Geschichten für Kinder. Beltz Verlag, Weinheim/Basel 1988.
(S. 39) **Hebel, Johann Peter:** Seltsamer Spazierritt. Aus: Hebels

Werke in einem Band (Bibliothek der Klassik). Aufbau Verlag Berlin und Weimar 1978.
(S. 182) **Heinrich, Karin:** Jahreszeitenrätsel. Aus: Kinder, kommt und ratet. Verlag Luchterhand 1984.
(S. 17) **Heitmann, Peter:** Mein Computer ist ein guter. Aus: Lehrerband zu Bücherwurm – Meine Fibel, Ernst Klett Grundschulverlag, Leipzig 1997.
(S. 9) **Herold, Gottfried:** Kleiner Unsinn. Aus: Mein Dackel heißt Emil. Der Kinderbuchverlag Berlin 1987.
(S. 42/43) **Hetmann, Frederik:** Märchen vom winzig kleinen Mann. Aus: Wer bekommt das Opossum? Paulus Verlag K. Bitter, Recklinghausen 1968.
(S. 126) **Heym, Stefan:** Wie es mit Rotkäppchen weiterging. Aus: Stefan Heym, Der kleine König, der ein Kind kriegen musste und andere neue Märchen. Buchverlag Der Morgen Berlin 1981.
(S. 150/151, S. 163) **Hüttner, Hannes:** (S. 150/151) Reise zum Stern Klawenta. Aus: Der Märchensputnik. Verlag Junge Welt 1972. (S. 163) Zwölf Monate hat das Jahr. Aus: Hannes Hüttner: Was ich alles kann. © Middelhauve Verlags GmbH, München für Der Kinderbuchverlag Berlin 1974.
(S. 76) **Jandl, Ernst:** fünfter sein. Aus: Der Bärendoktor hilft bestimmt. Verlag Luchterhand 1992.
(S. 142) **Jägerlatein.** Originalbeitrag von Erika Richter-Schnorr.
(S. 60/61, S. 77–79) **Jung, Holger:** (S. 60/61) Die Belohnung, (S. 77–79) Der Hundebiss. Aus: Holger Jung, Spielbare Witze und Sketche für Kinder. Falken Verlag 1994.
(S. 139) **Kahlau, Heinz:** Der Schachtelhalm. Das Springkraut. Der rote Fingerhut. Der Waldmeister. Aus: Heinz Kahlau: Der Ritter-sporn blüht blau im Korn. Verlag Werner Dausien Hanau/M. o.J.
(S. 62) **Karger, Ulrich:** Familie Habakuk. Aus: Ulrich Karger, Familie Habakuk und die Ordumok-Gesellschaft. Boje Verlag Erlangen 1993.
(S. 99) **Kästner, Erich:** Weltreise durchs Zimmer. Aus: Gesammelte Schriften. Atrium Verlag Zürich 1994. © by Erich Kästner Erben München.
(S. 134) **Kirsten, Rudolf:** Das Blatt. Aus: Hundertfünf Fabeln. Logos Verlag, Zürich 1960.
(S. 84/85, S. 165) **Korschunow, Irina:** (S. 84/85) Ich bin so gemein gewesen, (S. 165) Wir feiern Fasching. Aus: Leselöwen Schulgeschichten. Loewe Verlag Bindlach 1978/1994.
(S. 147–149) **Kožik, Christa:** Moritz träumt in der Litfaßsäule. (Auszug) Aus: Christa Kožik, Moritz in der Litfaßsäule. Der Kinderbuchverlag Berlin 1979.
(S. 168) **König, Hermine:** Mariä Himmelfahrt (stark bearbeitet). Aus: Hermine König: Das große Jahresbuch für Kinder. Feste feiern und Bräuche neu entdecken. Kösel-Verlag GmbH & Co., München 2001.
(S. 55) **Könner, Alfred:** Vom Klopfen. Aus: Keine Zeit für Langeweile. Hrsg.: Ilse Kleeberger. Herrmann Schaffstein Verlag Dortmund 1975.
(S. 53, S. 178/179) **Krenzer, Rolf:** (S. 53) Das ist ein Theater/ (S. 178/179) Da kommen drei Könige. © Rolf Krenzer, Dillenburg.
(S. 75, S. 101) **Kreusch-Jacob, Dorothée:** (S. 75) Langes Weilchen. Aus: Der Bärendoktor hilft bestimmt. Hrsg.: Dorothée Kreusch-Jacob. Verlag Heinrich Ellermann München 1992. © Patmos Verlag GmbH Düsseldorf. (S. 101) Nasentanz. Aus: Dorothée Kreusch-Jacob, Das Musikbuch für Kinder. Schott Verlag 2001.
(S. 18) **Kruse, Max:** Reklame. Aus: Die Stadt der Kinder. Hrsg.: Hans-Joachim Gelberg. Georg Bitter Verlag, Recklinghausen 1969.
(S. 167) **Krüss, James:** Das Oster-Abc. Aus: Kinderzeit im Festtagskleid. Herder Verlag Freiburg, Basel, Wien 1993.
(S. 20) **Kulick, Hartmut:** Bücher. Aus: Grundschule 7/8 1996.
(S. 40) **Kunert, Günter:** Leute. Aus: Mücke. Mut tut gut. Hrsg.: R. Portmann. Arena Verlag Würzburg 1994.
(S. 130, S. 135) **Lessing, Gotthold Ephraim:** (S. 130) Die Eiche und das Schwein. Aus: Alice und Karl Heinz Berger: In der Sonne steht der Hahn. Der Kinderbuchverlag Berlin 1983. (S. 135) Der Hamster und die Ameise. Aus: Fabeln. Reclam-Verlag, Leipzig 1970.
(S. 174) **Lindemann, Werner:** Winterabend am Dorfteich. Der Kinderbuchverlag Berlin o. J.
(S. 14) **Lins, Bernhard:** He, du kleiner Bücherwurm. Rechte liegen beim Autor.
(S. 17) **Lobe, Mira:** Der verdrehte Schmetterling. Aus: Zwei Elefanten, die sich gut kannten. Jungbrunnen Verlag, Wien/München 1996.
(S. 48, S. 102) **Maar, Paul:** (S. 48) Werbespot-Lied. Aus: Paul Maar/Rainer Bielfeldt. Sams, das Musical. Polygram GmbH, Hamburg 1997. (S. 102) Steffi und Aischa. Aus: Neben mir ist noch Platz. dtv, München 1997, Illustrationen: Verena Ballhaus.
(S. 100) **Mala, Matthias:** Blinde Kuh auf chinesisch. Aus: Matthias Mala, Komm und spiel mit uns; ein Unicef-Buch. Arena Verlag Würzburg 1993.
(S. 28, S. 50, S. 121) **Manz, Hans:** (S. 28) Sich mögen. Aus: Die Welt der Wörter. Sprachbuch für Kinder und Neugierige. Beltz Verlag Weinheim und Basel, Programm Beltz & Gelberg 1991. (S. 50) Kinder. Aus: Worte kann man drehen – Sprachbuch für Kinder. Beltz Verlag Weinheim und Basel, Programm Beltz & Gelberg 1985. (S. 121) Nachrichten aus den Königshäusern. Aus: Überall und neben dir. Verlag Beltz & Gelberg Weinheim 1986.
(S. 162) **Marcel:** Eine sonderbare Geschichte. Aus: Ich schreibe. Hrsg.: Eva-Maria Kohl. Der Kinderbuchverlag Berlin 1989.
(S. 24, S. 32/33) **Mechtel, Angelika:** (S. 24) Anja hat Kummer, (S. 32/33) Dunya will dazugehören. Aus: Angelika Mechtel, Schulklassengeschichten. Loewe Verlag Bindlach 1993.
(S. 80) **Michael** interviewt Dr. Leis: Kann Musik gefährlich sein? Nach einer Information aus „Main Post. Gemünder Zeitung", daily X, September 2000.
(S. 128, S. 154) **Morgenstern, Christian:** (S. 128) Die zwei Wurzeln. Aus: Gesammelte Werke in 1 Band. Pieper Verlag 1996. (S. 154) Traumwald. Aus: Ein Hund mit Namen Fips. Altberliner Verlag Lucie Groszer Berlin 1977.
(S. 83) **Moser, Erwin:** So im Schatten liegen möcht ich. Aus: Macht die Erde nicht kaputt. Herder & Co. Wien 1990.
(S. 64/65) **Nahrgang, Frauke:** Küssen verboten. Aus: Frauke Nahrgang, Küssen verboten. Anrich Verlag GmbH Kevelaer 1994.
(S. 180) **Neumann, Rudolf:** Feste feiern. Aus: H.-J. Gelberg (Hg.) Die Stadt der Kinder. Recklinghausen: Bitter 1967.
(S. 29, S. 56, S. 85) **Nöstlinger, Christine:** (S. 29) Tomas. Aus: Christine Nöstlinger, Ein und alles. Kalender für jeden Tag. Beltz Verlag Weinheim und Basel, Programm Beltz & Gelberg 1992.

(S. 56) Fernsehgeschichten vom Franz (gekürzt). Aus: Fernsehgeschichten vom Franz. © Verlag Friedrich Oetinger, Hamburg 1994. (S. 85) Ich schiele. Aus: Überall und neben dir. Beltz Verlag Weinheim und Basel, Programm Beltz & Gelberg 1986.
(S. 111) **Pilling, Ann:** Adam und Eva. Aus: Gutenachtgeschichten aus der Bibel. Hrsg.: Ann Pilling. Delphin Verlag in der VEMAG Verlags und Medien AG Köln 1993. (Original London Grisewood & Dempsey Ltd.)
(S. 22, S. 23, S. 152/153) **Preußler, Otfried:** (S. 22) Otfried Preußler beantwortet Fragen der Kinder. Originalbeitrag. (S. 23) Liebe Kinder in Mehring. Originalbeitrag. (S. 152/153) Der kleine Wassermann (Textauszug). Aus: Der kleine Wassermann. Stuttgart: Thienemanns Verlag 1956.
(S. 182) **Rätsel:** Jahreszeitenrätsel. Aus: Kinder, kommt und ratet. Hrsg.: Karin Heinrich. Verlag Volk und Wissen Berlin 1984.
(S. 52) **Rettich, Margret:** Geschichte zum Nachdenken. Aus: Margret Rettich: Lirum, larum, Löffelstiel, wer mich fragt, dem sag ich viel. Ein Sprachbilderbuch. Ravensburger Buchverlag o.J.
(S. 15) **Richards, Laura** (übersetzt von Hans Baumann): Eletelefon. Aus: Ein Bilderbuch von Margret Rettich. Mit 120 alten und neuen Versen und Gedichten. Hrsg.: Edith Harris. Verlag Otto Maier Ravensburg 1987.
(S. 21, S. 74) **Ripkens, Martin/Stempel, Hans:** (S. 21) Das Bild. Aus: Der kunterbunte Ferienkoffer. Lesegepäck zum Schmökern und Schmunzeln. Hrsg.: Dorothée Kreusch-Jacob. Verlag Heinrich Ellermann München 1994. (S. 74) Freunde. Aus: Der Bärendoktor hilft bestimmt. Hrsg.: Dorothée Kreusch-Jacob. Verlag Heinrich Ellermann München 1992.
(S. 164) **Rodari, Gianni:** Neujahrswünsche. Aus: Kopfblumen. 7x7 Gedichte für Kinder. Der Kinderbuchverlag Berlin 1979.
(S. 114/115) **Rottschalk, Gerda:** Der Tempelschreiber. Aus: Gerda Rottschalk, Der Tempelschreiber. Der Kinderbuchverlag Berlin 1971.
(S. 34, S. 172/173) **Ruck-Pauquèt, Gina:** (S. 34) Freunde. Aus: Gina Ruck-Pauquèt, Tag- und Traumgeschichten. Verlag Otto Maier Ravensburg 1978. (S. 172/173) Das Herbstlaub. Aus: Das große Vorlesebuch für das ganze Jahr. Hrsg.: A. Braun. Benzinger Edition im Arena Verlag Würzburg 1993.
(S. 87) **Rückert, Friedrich:** Dein Auge kann die Welt. Aus: Ich wünsch dir was! Hrsg.: Anna Karoli. Ravensburger Buchverlag Otto Maier 1989.
(S. 30/31) **Saint Exupéry, Antoine de:** Der Kleine Prinz. (Auszug) Aus: Antoine de Saint Exupéry, Der Kleine Prinz. Übersetzer: Grete und Josef Leitgeb. Verlag Volk & Welt 1989.
(S. 109) **Schiestl, Peter:** Gib mir Zeit. Zeitschrift Grundschulunterricht 42, 1995.
(S. 101) **Schneider, Sibylle** (Übersetzerin aus dem Englischen): Tanzen ... Aus: Entdeckungsreise in die Welt der Künste. Christian Verlag München 1995.
(S. 35) **Schöne, Gerhard:** Kalle, Heiner, Peter. Aus: Neue Kinderlieder. Hrsg.: G. Waler. Ravensburger Buchverlag Otto Maier 1992.
(S. 21) **Schülerinnen und Schüler der Klasse 3b,** Volksschule Emmerting-Mehring: Lieber Herr Preußler.
(S. 49) **Schwarz, Regina:** Was froh machen kann. © bei der Autorin.
(S. 95) **Schweiggert, Alfons:** Das Ochsenkopfmännlein im Fichtelgebirge. Aus: Bayerische Märchen. Ehrenwirth Verlag, München 1995.
(S. 69, S. 72) **Siege, Nasrin:** (S. 69) Zärtlichkeiten, (S. 72) Das Bauchweh. Aus: Die Erde ist unser Haus. 8. Jahrbuch der Kinderliteratur. Verlag Beltz & Gelberg 1988.
(S. 92) **Stangner, Isolde:** nach einer Idee von Susi Weigel. Wie sich ein Dorf verändern kann. Aus: Macht die Erde nicht kaputt. Herder & Co. Wien 1990.
(S. 73) **Seidenschwand-Weilbach, Gabriele:** Tempo – Tempo, dalli – hopp! Originalbeitrag, Rechte bei öbv & hpt VerlagsgmbH & Co. Kg.
(S. 58) **Steinmann, Martin:** Hellseher auf dem Fahrrad. Rechte liegen beim Autor.
(S. 51, S. 79, S. 97) **Steinwart, Anne:** (S. 51) Oma kommt! Aus: Anne Steinwart, Mensch, Jule! (Edition Bücherbär) Benzinger Edition im Arena Verlag Würzburg, München o.J. (S. 79) Verflixt!, (S. 97) Wo treffen wir uns? © Anne Steinwart.
(S. 98) **Stevenson, Robert Louis** (übersetzt von James Krüss): Reisen. Aus: Der kunterbunte Ferienkoffer. Lesegepäck zum Schmökern und Schmunzeln. Hrsg.: Dorothée Kreusch-Jacob. Verlag Heinrich Ellermann München 1994. © James Krüss.
(S. 166) **Storm, Theodor:** März. Sämtliche Werke in vier Bänden. (Bd.1) Hrsg.: P. Goldhammer. Aufbau Verlag Berlin und Weimar 1986.
(S. 166) **Strittmatter, Eva:** Mai. Aus: Ich mach ein Lied aus Stille. Aufbau Verlag Berlin und Weimar 1972.
(S. 177) **Thoma, Ludwig:** Auf oamal braust's. Aus: Günter Golpfert (Hrsg.): Alpenländische Weihnacht. Süddeutscher Verlag, München 1970.
(S. 59) **Tust, Dorothea:** Ohne Auto? Aus: Flux. Die pfiffige Verkehrserziehung Klasse 4. Ernst Klett Grundschulverlag GmbH, Leipzig 1998.
(S. 170) **Uhland, Ludwig:** Einkehr. Aus: Werke Bd.1 Hrsg.: L. Fränkel. Bibliographisches Institut Leipzig und Wien o.J.
(S. 67) **Ulrichs, Timm:** ordnung – unordnung. © Timm Ulrichs.
(S. 14) **unbekannt:** Der Fro-Hu und der Papa-Fant sind dir nicht länger unbekannt. Aus: Äktschenpäck. Das Spaßmagazin für Kinder Nr.2. Bastei Verlag Gustav H. Lübbe Bergisch-Gladbach 1996.
(S. 82) **unbekannt:** In Dunkelheit unterwegs. Aus: Radfahren im 2. Schuljahr. Landesverkehrswacht Bayern e.V. und Verlag Heinrich Vogel GmbH, München 2001.
(S. 94) **unbekannt:** Das Louerbürschl im Lochhamer Wald.
(S. 134) **unbekannt:** Der Wald spricht. Aus: Lebensraum Wald. Handzeichnungen zur Umwelterziehung in Schullandheim und Schule. Band 2. Bayerische Akademie für Schullandheimpädagogik Burghann-Mimberg 1993.
(S. 136) **unbekannt:** Ein Vogel wollte Hochzeit machen. Text und Melodie mündlich überliefert. Aus: Mikado – Unser Liederbuch. Ausgabe Bayern.
(S. 158/159) **unbekannt:** Till bäckt Eulen und Meerkatzen. Aus: Till Eulenspiegel (neu erzählt von Heinz Janisch). Bilderbuchstudio-Verlag Neugebauer, Press Salzburg-München o. J.
(S. 160) **unbekannt:** Dunkel war's, der Mond schien helle. Aus: Allerleirauh. Viele schöne Kinderreime. Übersetzer: Hans Magnus Enzensberger. Suhrkamp Verlag Frankfurt/Main 1966.
(S. 160) **unbekannt:** Verkehrte Welt. Aus: Allerleirauh. Viele

schöne Kinderreime. Übersetzer: Hans Magnus Enzensberger. Suhrkamp Verlag Frankfurt/Main 1966.
(S. 138) **Vegesack, Siegfried von:** Moos. Aus: Gedichtsammlung. Bayerischer Schulbuchverlag, München 1959.
(S. 122/123) **Wilson, David Henry:** Besuch bei der Königin. (gekürzt) Aus: David Henry Wilson, Jeremy James, oder: Wie wird man eigentlich König? Übersetzer: Helmut Winter. Verlag Friedrich Oetinger Hamburg 1993. (Orig.: Macmillan Children's Book London 1993.)
(S. 38, S. 44/45) **Wölfel, Ursula:** (S. 38) Die Geschichte vom grünen Fahrrad. Aus: Ursula Wölfel, Achtundzwanzig Lachgeschichten. Hoch Verlag Stuttgart-Wien 1969. (S. 44/45) Der Nachtvogel. Aus: Die grauen und die grünen Felder. Anrich Verlag GmbH Weinheim 1970.
(S. 140/141) **Zeiske, Wolfgang:** Schwarzmaske (Auszug). Aus: Wolfgang Zeiske: Das große Buch vom Wald. Der Kinderbuchverlag, Berlin 1969.
(S. 166) **Zöpfl, Helmut:** Jeds Jahr. Aus: Helmut Zöpfl, Geh weiter Zeit, bleib steh. Rosenheimer Verlagshaus, Rosenheim 1970.

Abbildungs- und Fotonachweis
S. 11: Kunstarchiv Elizabeth Shaw, Alfabet. © Patrick Graetz, Berlin. **S. 12/13:** Egbert Herfurth, Elefanten ABC. Aus: Was für ein Glück. Hrsg.: Hans-Joachim Gelberg. Beltz Verlag, Weinheim und Basel, Programm Beltz & Gelberg, Weinheim 1993.
S. 20: Auguste Renoir, Lesendes Mädchen. Städelsches Kunstinstitut, Frankfurt. © Blauel/Gnamm, Artothek Peissenberg.
S. 22: Foto: Der Schriftsteller Otfried Preußler. © Isolde Ohlbaum, München. **S. 22:** Lesetipp: Otfried Preußler: Die Abenteuer des starken Wanja. © K. Thienemanns Verlag, Stuttgart-Wien 1983.
S. 30: Illustration: Der Kleine Prinz und der Fuchs, Aus: Antoine de Saint-Exupéry, Der Kleine Prinz. © Karl Rauch Verlag Düsseldorf. 1950 und 1998. **S. 31:** Lesetipp: Antoine de Saint-Exupéry: Der Kleine Prinz. Verlag Volk & Welt, Berlin 1989. **S. 37:** Marc Chagall. Der Geigenspieler. © VG Bild-Kunst, Bonn 2001.
S. 53: Franz von Lenbach, Familienbild mit Frau und Töchtern, 1903. Sammlung Städtische Galerie im Lenbachhaus, München.
S. 57: Lesetipp: Umschlagillustration: Nell Graber. Achim Bröger: Mama, ich hol Papa ab. © Verlag Nagel & Kimche AG, Zürich 1988. **S. 59:** Comic: Dorothea Tust. Ohne Auto? © Ernst Klett Grundschulverlag GmbH, Leipzig. **S. 63:** Lesetipp: Ulrich Karger: Familie Habakuk und die Ordumok-Gesellschaft. Boje Verlag, Erlangen 1993. **S. 65:** Lesetipp: Frauke Nahrgang: Küssen verboten. Gulliver Taschenbuch, Beltz Verlag, Weinheim und Basel, Programm Beltz & Gelberg, Weinheim 1995. **S. 81:** Handzeichen zum Fingeralphabet. **S. 82:** Foto: Blindes Mädchen auf Treppe. © Mauritius/Phölmann, Stuttgart. **S. 88:** Foto: Der Marienplatz in München. © Photo Press Bildagentur GmbH, München.
S. 89: Foto: Der Schäfflertanz. © Photo Press Bildagentur, München. Foto: Das Glockenspiel am Münchener Rathausturm. Dave Bartruff/Corbis/Picture Press. Lesetipp: München auf kleinen Füßen. © Druckerei und Verlagsanstalt „Bayerland" GmbH, Dachau. **S. 95:** Lesetipp: Alfons Schweiggert: Bayerische Märchen. Ehrenwirth Verlag, München 1995. **S. 101:** Paul Gauguin, Bretan Girls Dancing, Pont-Aven. Collection of Mr. and Mrs. Paul Mellon. © 1997 Board of Trustees, National Gallery of Art, Washington, 1988. Oil on canvas. **S. 102–105:** Illustrationen von Verena Ballhaus. In: Paul Maar, Neben mir ist noch Platz. © für die Illustrationen Deutscher Taschenbuch Verlag, München 1996. **S. 105:** Lesetipp: Paul Maar/Verena Ballhaus: Neben mir ist noch Platz. © für die Illustrationen Deutscher Taschenbuch Verlag, München 1996. **S. 110:** Foto: Fritz. Heide Krahnepuhl, Rostock. **S. 111:** Albrecht Dürer, Adam und Eva. Kupferstich 1504. © Scala Group S.p.A. **S. 113:** Illustration: Simplo Filler Pen Co. © Christians Druckerei Verlag Hamburg. **S. 114:** Foto: Assurbanipal als Wiederhersteller des Marduktempels von Babylon. © The British Museum, London. **S. 116:** Louis Katzenstein, Dorothea Viehmann erzählt den Brüdern Grimm. Holzstich, spätere Kolorierung © Archiv für Kunst und Geschichte Berlin. **S. 117/119:** Ludwig Richter, Dornröschen. © Gondrom Verlag GmbH Bindlach. **S. 129:** Lesetipp: David Streeter & Richard Levington: Entdeckungsreise in die Welt der Eiche. © Dorling Kindersley Ltd., London 1993. © deutschsprachige Ausgabe by Kinderbuchverlag Luzern/Sauerländer AG, Aarau/Switzerland 1994. **S. 131:** Abrecht Dürer, Zwei Eichhörnchen. Zeichnung 1512. Montreal, Privatsammlung. **S. 136:** Fotos: Tanzende Kinder. Aus: Rolf Zuckowski: Vogelhochzeit. Verlag Otto Maier Ravensburg. Lesetipp: Rolf Zuckowski: Vogelhochzeit. Verlag Otto Maier Ravensburg. **S. 137:** Comic: Tom Breitenfeldt. Der kleine König der großen Tiere. © Carlsen Verlag, Hamburg. **S. 138:** Fotos: Besenartiges Gabelzahnmoos. © Roland Günter/Okapia Frankfurt. Bryophyta mass Sporangien (Moos). © H. Farkaschovsky/Okapia Frankfurt. Haarmützenmoos. © K. G. Vock/Okapia Frankfurt 1988. **S. 142:** Foto: Fuchs. © Reinhard-Tierfoto. Hans Reinhard, Heiligkreuzsteinnach.
S. 142: Fotos: Dachs, Reh, Wildschwein, © Toni Angermayer, München. **S. 143:** Lesetipp: Vitus B. Dröscher: Tiere in ihrem Lebensraum. Ravensburger Buchverlag Otto Maier GmbH 1999. **S. 149:** Lesetipp: Christa Kožík: Moritz in der Litfaßsäule. © Middelhauve Verlags GmbH, München für Der Kinderbuchverlag Berlin 1979. **S. 154:** Henri Rousseau, Der Traum. © Artothek Peissenberg. **S. 169:** Schülerarbeiten der Uhland-Schule Leipzig zu E. Borchers „August" (Kratztechnik): „Erdbeeren" Linda Reichardt, „Pilz" Carolin Voigt, „Käfer" Ivonne Gay. **S. 171:** Fotos: Heide Krahnepuhl, Rostock. **S. 176:** Lesetipp: Angelika Mechtel: Der Engel auf dem Dach und andere Weihnachtsgeschichten.

Quellenverzeichnis des Lexikons:
Ellermann Leselexikon, schmökern, nachschlagen, weiterdenken. © Verlag Heinrich Ellermann München 1993;
Entdeckungsreisen. In der Welt der Künste. Aus dem Englischen übersetzt von Sibylle Schneider. © Deutschsprachige Ausgabe by Christian Verlag München 1995. © Originalausgabe PICTURPEDIA Arts and Entertainment by Dorling Kindersley Limited London 1993;
Wasserzieher, Ernst: Kleines etymologisches Wörterbuch der deutschen Sprache. VEB Bibliographisches Institut Leipzig 1979;
Die Renaissance. Texte von Michel Pierre. Aus dem Französischen übersetzt Margarete Brinning-Kuchenbecker. Union Verlag Stuttgart 2. Auflage 1990. © Union Verlag GmbH Fellbach 1989. © Catermann, Tournai, Belgien 1985;
Meyer, Hans-Georg: Bücher, Leser, Bibliotheken. Der Kinderbuchverlag Berlin 1985.